Voir le monde

50 itinéraires de rêve
selon vos envies

ULYSSE

Direction éditoriale
Claude Morneau

Direction de projet (Uniktour)
**Philippe Bergeron,
Grégory Bringand-Dédrumel**

Recherche et rédaction
Grégory Bringand-Dédrumel

Conception graphique
et mise en page
Pascal Biet

Adjointes à l'édition
Annie Gilbert, Judy Tan

Correction
Pierre Daveluy

Photographies
Première de couverture :
Paysage de rêve en Polynésie © offset.com/Huber-Images ; Randonneuse en montagne © Dreamstime.com/Anna Dudko ; Lion dans la savane © Dreamstime.com/Jason Prince ; Détail d'un temple, sud de l'Inde © Dreamstime.com/Aleksandra Lande ; Couple en lune de miel, © Dreamstime.com/Kirill_grekov ; Village de Provence, © Dreamstime.com/Konstanttin.

Quatrième de couverture :
Machu Picchu, Pérou © Dreamstime.com/Vitmark.
Pages intérieures : voir page 218.

Remerciements

Nous tenons à remercier Charles-Antoine Cancedda, Annie Durand, Fidel Valdivie, Charlotte Gousseau, Sophie Jacques, François Archambault, Claudine Villeneuve, Steve Corriveau, Carole Gobeil, Thierry Menoux, Jad Haddad, Elina Koretska, Cindy Voitus, Evelyne Théberge, Nicolas Valente et toute l'équipe d'Uniktour.

Guides de voyage Ulysse reconnaît l'aide financière du gouvernement du Canada par l'entremise du Fonds du livre du Canada (FLC) pour ses activités d'édition.

Guides de voyage Ulysse tient également à remercier le gouvernement du Québec – Programme de crédit d'impôt pour l'édition de livres – Gestion SODEC.

Merci également à tous les collaborateurs outre-mer d'Uniktour.

Guides de voyage Ulysse est membre de l'Association nationale des éditeurs de livres.

Catalogage avant publication de Bibliothèque et Archives nationales du Québec et Bibliothèque et Archives Canada

Vedette principale au titre :
    Voir le monde : 50 itinéraires de rêve selon vos envies
    Comprend un index.
    ISBN 978-2-89464-863-6
    1. Voyages - Guides.
G153.4.V64 2014   910.2'02   C2014-941369-6

MIXTE
Papier issu de
sources responsables
FSC® C011825
www.fsc.org

Lac Phewa à Pokhara, Népal

Les **50** itinéraires de rêve

selon vos envies

Map markers: 36, 38, 13, 26, 43, 22, 16, 19, 45, 4, 37

Vilnius, Lituanie

Masques en bois dans un marché d'Antigua, Guatemala

Préface

Voyager sur tous les continents au gré de vos envies... Sélectionner une destination en fonction de vos passions... Choisir l'itinéraire le mieux adapté au genre de voyage que vous souhaitez entreprendre...

La ligne directrice suivie lors d'un voyage peut varier grandement en fonction d'une foule de questions qu'il est bon de vous poser. Envie de romance ou à la recherche d'idées pour un voyage en famille ? C'est l'histoire et la culture qui vous branchent, ou plutôt l'appel de la nature et des grands espaces ? Vous rêvez de vous lancer sur les routes dans un authentique *road trip* ou songez plutôt à utiliser des moyens de transport variés pour faire le grand tour d'un pays ? Souhaitez-vous partir en safari ou faire appel à un expert qui vous guidera hors des sentiers battus ? Êtes-vous du type « randonnée » ou « grand luxe » ?

Et comme tout commence toujours par une inspiration, le but avoué de ce livre est de vous donner l'impulsion nécessaire. Il vous réserve 50 idées de voyages, 50 circuits extraordinaires remplis de moments de grâce, bref, 50 itinéraires de rêve... réalisables selon vos envies. Car les périples qui vous sont proposés ici, bien que fabuleux, ont déjà été entrepris et appréciés par de très nombreux voyageurs... Alors, pourquoi pas vous ?

Afin de réaliser cet ouvrage, nous avons fait appel aux conseillers de l'agence Uniktour, spécialisée dans la conception de voyages exotiques sur mesure. Le savoir-faire de ces professionnels, eux-mêmes de grands voyageurs épris d'aventure, a ainsi été mis à contribution dans l'élaboration des itinéraires figurant dans ce livre. Chacun de ces circuits a été construit et expérimenté par l'un d'eux, et tous ont été imaginés et élaborés de sorte qu'ils soient accessibles à tout voyageur. Chaque itinéraire fait une grande place aux coups de cœur personnels de son concepteur et aborde l'aventure en fonction d'une thématique particulière.

Ce livre vise à vous inspirer en vue d'un périple prochain... ou plus lointain. Les circuits que nous vous présentons doivent ainsi être vus comme autant de propositions de base, que vous pourrez remodeler à votre guise. Suivre un itinéraire en sens inverse, choisir un autre point de départ que celui indiqué, combiner deux circuits en un seul voyage, allonger le temps consacré à une étape, rien de cela n'est défendu, bien au contraire, et toutes les libertés vous sont permises.

Bon voyage !

Village dans le massif du Tengger, Indonésie

Sur une plage des Seychelles

Lune de miel et romance

Voyager en toute intimité dans des endroits idylliques et se sentir seuls au monde.

1 **Polynésie française**
Lagons, calme et volupté

2 **Italie** Des lacs du nord à Venise

3 **Thaïlande** Plages et farniente

4 **Brésil** La samba se danse à deux

5 **Seychelles** Paradis sur terre

▶ **Quand y aller ?**
Chaud et ensoleillé toute l'année, le climat polynésien est simplement idéal, même si août, septembre et octobre offrent les meilleures températures et une humidité moindre.

▶ **14 jours**

▶ **De Tahiti
à l'Atoll de Fakarava**

Pour qui ?
Pourquoi ?

Pour les couples, qui y trouveront un cadre parfait et idyllique pour leur romance. Mais depuis peu, les familles se sont aussi éprises de cette destination qui offre une infinité d'attraits pour tous les âges : sports nautiques, folklore…

Inoubliable…

▸ *Goûter à l'accueil le plus souriant au monde.*

▸ *S'émerveiller devant la beauté mythique du lagon de Bora Bora.*

▸ *Se poser sur Tahaa la sauvage pour déconnecter complètement.*

▸ *Explorer les spots de plongée de Fakarava.*

Polynésie française
Lagons, calme et volupté

Des archipels aux décors d'une beauté indécente, un calme infini que rien ne trouble, on croit rêver mais tout est bien vrai. Même le sable, qui est une palette de maquillage en soi : blanc à Fakarava, noir à Tahiti ou rose à Bora Bora. Partout les gens sont d'une gentillesse qui rend humble, et votre bungalow sur pilotis est beau à se damner. La Polynésie, c'est avant tout un cadeau pour les sens, des lagons turquoise aux balades dans les forêts luxuriantes. On y vient pour goûter au fantasme du paradis, on en repart pour mieux y revenir…

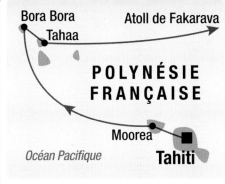

POLYNÉSIE FRANÇAISE

Bora Bora
Tahaa
Atoll de Fakarava
Moorea
Tahiti
Océan Pacifique

Et la perle fut...

Le dieu Oro descendit un jour sur Terre et devint amoureux de la princesse de Bora Bora. Pour la séduire, il arracha un morceau de nuit au ciel et en fit une perle noire qu'il lui offrit. Touchée, la princesse jeta la perle en offrande à la mer. Le bijou tomba au fond des eaux et fut recueilli par une huître. Ravi que la princesse ait succombé à son charme, Oro offrit dès lors à ces mollusques la faculté de recréer la première perle depuis un simple grain de sable.

Itinéraire

Jours 1 et 2

Tahiti

Terre des hommes tombés sous le charme de ses multiples visages, Tahiti est le début d'un monde nouveau, où tout le monde chante : les femmes avec leurs paréos flamboyants, les oiseaux qui annoncent le retour de la pêche. Et du sommet du mont Ohorena jusqu'aux plages de sable noir, les légendes polynésiennes se transmettent encore, chuchotées par les alizés.

Jours 3 à 6

Moorea

L'île-cœur est avant tout une déclaration d'amour de la nature. Bien sûr, les plages de sable blond sont là, chaudes et invitantes. Mais le vrai dépaysement, on le trouve en faisant la course avec les dauphins, en applaudissant un spectacle de danses traditionnelles au village Tiki, ou en perdant son regard dans la beauté de la baie de Haamene.

Jours 7 et 8

Bora Bora

À peine le temps de battre un cil en sortant du lit et vous voici déjà les orteils dans l'eau tiède. Ici le bungalow sur pilotis est roi, écrin d'un bonheur qui se reflète dans le ciel azur. Et voilà qu'arrive votre petit déjeuner, servi dans une pirogue à balancier.

Jours 9 à 11

Tahaa

Les effluves enivrants de vanille, le doux balancement des cocotiers, les perles d'une pureté ineffable... et puis une invitation aussi souriante qu'informelle à partager un repas. Tahaa c'est cela, l'indolence extrême et l'oubli de tout le reste.

Jours 12 à 14

Atoll de Fakarava

Le paradis des plongeurs : il y a sûrement plus d'espèces de poissons dans le site de Pufana que de grains de sable sur la plage. On s'amuse à en dénicher de nouveaux spécimens, camouflés dans les coraux chatoyants qui étendent leurs longues mains colorées.

La Polynésie française à la carte

Collectivité d'outre-mer de Polynésie française

Chef-lieu Papeete

Langues officielles Français, tahitien

Religion Christianisme

Étiquette La consommation d'alcool en public est non seulement illégale, mais l'un des rares tabous de société en Polynésie.

Un plat Le poulet fafa, mijoté avec du lait de coco, des pousses de faro et du cumin.

Une personnalité Octave Morillot, officier de la Marine française, vécut à Tahaa pendant plus de 50 ans. Il s'y adonna à la peinture et traduit dans ses toiles le quotidien des Polynésiens.

Lune de miel et romance

▶ **Quand y aller ?**
L'Italie du Nord est un rêve éveillé à la fin du printemps et au début de l'automne : peu de touristes et atmosphère douce pour profiter au mieux des sites visités.

Isola Bella, lac Majeur

▶ **10 jours**

▶ **De Milan à Venise**

Pour qui ?
Pourquoi ?

Les amoureux d'art, bien sûr, et les amoureux tout court prendront un plaisir total durant ce parcours qui privilégie escales intimes et villes-musées.

Inoubliable...

▹ *Courir les boutiques chics de Milan.*

▹ *Déguster un verre de Prosecco dans la région de Franciacorta.*

▹ *Visiter la très romantique Isola Bella sur le lac Majeur.*

▹ *Arriver en vaporetto à Venise, comme une vedette internationale.*

Italie
Des lacs du nord à Venise

Sortez les violons et les vins fins, car rien ne se vit en Italie sans une aubade ni plaisirs. Des Alpes aux lacs endormis jusqu'aux gondoles de Venise, le romantisme plane en filigrane à chaque instant de cette échappée à deux. Enivrez-vous des panoramas qui déjà ravissaient les Anciens, avant de servir d'écrin aux sagas de Visconti. Mais loin de ces fastes visuels, c'est peut-être simplement autour d'une table d'une tranquille trattoria de Vérone qu'on se dira les mots les plus doux, ensorcelés par cette diablesse d'Italie.

Milan

KISS... PLEASE
Sirmione

Dégustation de Prosecco, Franciacorta

Itinéraire

Jours 1 et 2

Milan

Vibrante et altière, la capitale du Nord est avant tout le temple de la mode italienne. Le long des vitrines chics de la Galleria Vittorio Emanuele II, devant la façade du Duomo, la belle Lombarde se savoure comme un festin des sens entre *La Cène* de Léonard de Vinci, qu'on peut admirer à l'église Santa Maria delle Grazie, et un concert baroque à la Scala.

Jour 3

Baveno, lac Majeur

C'est de Baveno, saint des saints de la *dolce vita*, qu'on accède aux îles Borromées, joyaux du lac. Aux alentours de la ville, serpentez entre les jardins secrets et les villas néo-Renaissance pour admirer la beauté en « mode Majeur ».

Jour 4

Bellagio, lac de Côme

Hôtels luxueux et demeures patriciennes flanquent les rives du lac avec une harmonie sans pareille. Lieu de villégiature privilégié de l'aristocratie milanaise au XIXe siècle, Bellagio évoque le raffi-

nement des tableaux romantiques ou un air de Verdi.

Jour 5

Lecco, lac de Côme

Entre les derniers contreforts des Alpes et les eaux assoupies du lac de Côme, Lecco est une invitation à la paresse, avec, au programme, canotage ou farniente aux terrasses des cafés pour admirer les splendides panoramas.

Jour 6

Franciacorta – Sirmione, lac de Garde

Sur la route de Sirmione, établie sur l'étroite péninsule qui s'avance dans le

Lune de miel et romance

Bellagio

Vérone

Lune de miel et romance

lac de Garde, faites une halte dans la région de Franciacorta pour déguster le fameux Prosecco, un vin pétillant tout en délicatesse.

Jour 7

Vérone

Le souvenir de Roméo et Juliette n'attend que vous pour ressusciter dans cette ville où triomphe la passion à l'italienne. Le Castelvecchio est un imposant témoin des luttes entre les grandes familles médiévales assoiffées de pouvoir. Dans les arènes, là ou les gladiateurs s'affrontaient il y a 2 000 ans, assistez à un opéra de Verdi, qui ne pourra trouver de cadre plus grandiose que ces arches chargées d'histoire.

Jours 8 à 10

Venise

Objet de fascination ultime pour quiconque la visite, la Sérénissime flotte hors du temps. Au-delà de la place Saint-Marc et des vieux *palazzi* de la noblesse, il faut s'aventurer dans les recoins du ghetto juif, passer soudain des ruelles éteintes du quartier de Dorsoduro aux lumières du Grand Canal, observer le travail d'orfèvre des maîtres verriers de Murano ou dénicher un vieux masque de carnaval plein de mystère, pour saisir toute la grâce de Venise.

Les îles Borromées

Les îles Borromées, du nom de la famille à laquelle elles appartiennent toujours, émergent des eaux du lac Majeur. Les principales répondent aux noms de Madre, Pescatori, avec son village typique, et Bella. Cette dernière est la plus remarquable, avec son palais du XVIIe siècle et surtout ses jardins en terrasses, summum de l'art paysager italien, qui feraient rougir les jardins suspendus de Babylone : essences rares, statues délicates et fontaines forment un monde enchanteur que seuls quelques paons blancs ont le loisir d'habiter. Cette débauche de majesté laisse rêveur lorsqu'on connaît la devise de la famille Borromeo : *Humilitas.*

Venise

L'Italie à la carte

République italienne

Capitale Rome

Langue officielle Italien

Religion Catholicisme

Étiquette Bien s'habiller est un art de vivre purement italien. Chacun met un soin particulier à sa tenue avant de sortir en public, surtout pour la promenade du soir.

Un plat Les *amaretti*, ces macarons moelleux qu'on retrouve dans tout le pays, chaque région ayant sa propre spécialité (citron, noisettes...)

Une personnalité Giorgio Armani est l'un des plus célèbres couturiers au monde, habillant à la fois le gotha européen et les stars d'Hollywood.

ALLEMAGNE

AUTRICHE

LIECHTENSTEIN

SUISSE

FRANCE

Bellagio

Baveno

Région de Franciacorta

Lecco

Turin

Milan

Sirmione

Vérone

Venise

ITALIE

Gênes

Bologne

Mer Adriatique

Mer Ligure

Lune de miel et romance

▶ **Quand y aller ?**
De novembre à mars : quand le mercure s'affole et rend les terres du Nord suffocantes, on profite au mieux des plages et de leurs légères brises.

Plage de Krabi

▶ **12 jours**

▶ De **Bangkok** à **Phuket**

Lune de miel et romance

Pour qui ? Pourquoi ?

Les plages de Thaïlande sont tout indiquées pour une escapade en couple au bout du monde : détente, bien-être et romantisme semblent être nés là-bas !

Inoubliable…

▸ *Flâner dans les marchés débordant de couleurs à Bangkok.*

▸ *S'offrir un massage thaïlandais… cliché mais obligatoire !*

▸ *Participer au festival du village des pêcheurs à Koh Samui.*

▸ *Savourer à l'infini le décor paradisiaque des îles de Krabi.*

Thaïlande
Plages et farniente

Est-ce déjà l'heure de la sieste, ou bien celle de votre cours de plongée ? Ce n'est pas un massage à l'huile d'hibiscus, face à la plage inondée de soleil, qui va vous éclaircir les idées… Un choix cornélien qui sera sûrement votre plus grand effort intellectuel durant ce voyage sur les côtes thaïlandaises, mais peu importe : le temps va se suspendre de lui-même à votre arrivée. Sortez donc votre plus beau maillot de bain, car de Hua Hin aux sublimes îles Phi Phi, cette romance tropicale s'annonce déjà parfaite.

La baie de Phang Nga

Située entre Koh Samui et Phuket, la baie de Phang Nga est l'un des plus impressionnants prodiges naturels de toute l'Asie du Sud-Est. La quarantaine d'îles et pitons calcaires dispersés dans la baie, qui semblent presque léviter au-dessus des lagons, prennent toutes sortes de formes évocatrices et chacun ou presque se trouve assorti d'une légende locale. La faune marine est particulièrement riche et fait le bonheur des amateurs de plongée. Chose impossible il y a 10 000 ans, lorsque la mer d'Andaman n'avait pas atteint la région et que l'on pouvait traverser la baie à sec.

Massage thaïlandais

rouge aux crevettes, le tout bien sûr entrecoupé de longues pauses au soleil.

Jours 8 et 9
Krabi

C'est la définition même de ce qu'est un paradis tropical : à l'instar de Maya Bay, les îles Phi Phi offrent un contraste fou entre falaises calcaires couvertes de végétation et lagons au turquoise saturé. On ne doute pas que vous trouverez votre propre crique solitaire afin de savourer pleinement ce bonheur égoïste.

Jours 10 à 12
Phuket

Vaut-il mieux prendre racine dans la piscine privée, se laisser flotter entre les pitons rocheux du cap Panwa quand même les vagues font la sieste, ou tester à l'envie tous les bars d'hôtel branchés aux alentours ? Phuket serait presque un vice si on ne l'aimait tant.

La Thaïlande
à la carte

Royaume de Thaïlande

Capitale Bangkok

Langues officielles Thaï, anglais

Religions Bouddhisme theravada, islam

Étiquette On ne s'énerve pas contre autrui en Thaïlande, surtout lorsque l'on est étranger. Cela fait perdre la face à votre interlocuteur et est considéré comme une offense grave.

Un plat Le pad thaï est un plat de nouilles sautées servi avec des crevettes, du poulet, des graines germées et une sauce aigre-douce, le tout rehaussé de coriandre.

Une personnalité Le cinéaste Apichatpong Weerasethakul fait irruption sur la scène mondiale au début des années 2000 avec des films intimistes et oniriques.

Itinéraire

Jour 1
Bangkok

Courte étape dans la capitale du pays des sourires, avec l'exploration du marché Pak Klong Talat, cette caverne d'Ali Baba florale où vous ferez le plein de senteurs et de couleurs. Direction ensuite les canaux de Thonburi, ses marchandages d'initiés chapeautés et son âme typique dont on raffole au bout d'une seconde.

Jours 2 et 3
Hua Hin

Hua Hin, c'est l'histoire d'amour entre un roi, Rama VI, et cette petite ville de pêcheurs qu'il transforma en villégiature

pour la noblesse thaïe. Vous, vous succomberez simplement aux saveurs des fruits de mer sitôt pêchés, sitôt servis.

Jours 4 et 5
Chumphon

C'est l'antichambre pour rallier Koh Tao, rendez-vous de tous les amateurs de plongée sous-marine ou avec tuba. Quelques centimètres à peine sous la surface, des dizaines d'espèces de poissons exotiques ne cessent de se lancer des défis de parade nuptiale.

Jours 6 et 7
Koh Samui

L'île regorge de trésors à débusquer : Grand Bouddha couvert d'or sur la côte nord, exploration de la jungle, marchés nocturnes de Maenam ou Nathon avec souper de curry

Lune de miel et romance

▶ **Quand y aller ?**
De septembre à décembre, pendant la saison sèche, vous éviterez ainsi l'humidité écrasante qui plombe toute l'Amazonie et le Nordeste.

Lune de miel et romance

▶ **13 jours**

▶ De **Rio de Janeiro** à **Salvador**

Pour qui ? Pourquoi ?

Pour les couples qui veulent faire rimer romance avec exotisme dans une destination aux multiples facettes.

Inoubliable…

▶ *Découvrir le Rio intime dans les quartiers moins touristiques.*

▶ *Apprécier le Brésil colonial du Minas Gerais et son patrimoine unique.*

▶ *Passer une nuit dans la jungle amazonienne, loin du monde.*

▶ *Se laisser aller à une danse passionnée dans une fête de rue à Salvador.*

Brésil
La samba se danse à deux

À peine atterrit-on au Brésil que déjà les rythmes résonnent de partout : klaxons, rires des enfants, vieilles radios enrouées… tout devient musique sous ces tropiques. Et soudain c'est officiellement la folie, les percussions se déchaînent et les hanches se voient dotées d'une vie propre sans être jamais rassasiées. Aux quatre coins du pays, sur fond de jungle amazonienne, de cascades titanesques à Iguaçu ou de façades pastel à Salvador, on vit la passion comme une émotion ultime, un état de grâce alimenté par le soleil et la joie de vivre. Rejoindrez-vous la fête ? Ils ont tout compris, ces Brésiliens.

Chutes d'Iguaçu

Pirogue sur l'Amazone

Rio de Janeiro

Itinéraire

Jours 1 à 3

Rio de Janeiro

Rien de moins que le Christ pour vous accueillir à bras ouverts depuis son perchoir. Un séjour donc sous les meilleurs auspices dans la *cidade maravilhosa*, où même les plages ont la forme de sourires gigantesques. Vivez la folie d'Ipanema en participant à un concert improvisé de bossa-nova, flânez dans le romantique quartier d'Urca à l'ombre du Pain de sucre ou comparez les spécialités des restaurants de Santa Teresa, le Montmartre de Rio. Et si l'on se plante devant vous sans prévenir, c'est peut-être simplement pour vous initier à la samba, avec en arrière-plan la courbe lascive de Copacabana.

Jours 4 et 5

Iguaçu

Les chutes d'Iguaçu évoqueraient presque l'ouverture d'une mer Rouge version carioca, tant leur puissance semble colossale. Loin des trombes d'eaux mugissantes, découvrez un autre visage du parc naturel attenant dans une balade à vélo, entre les voix de crécelle des singes et une forêt qui recense toutes les nuances de vert. Et si le frisson vous tente, partez en zodiac à l'assaut des chutes avant de vous écrouler dans un hamac pile quand le soleil mordoré tire sa révérence.

Jour 6

Tiradentes

Contraste absolu avec cette petite ville qui n'a pas changé d'un iota depuis l'âge d'or des mines du Minas Gerais. Les ruelles bordées de maisons coloniales dégoulinent jusque dans le vallon, les pavés brillent comme des crânes de moines franciscains et on se raconte les ragots du jour d'un bout à l'autre de la place principale dans un argot très... musical? Vous promener en charrette dans Tiradentes ne vous rendra pas ridicule, et économisera en prime vos jambes pour visiter les églises qui prolifèrent dans les faubourgs.

Lune de miel et romance

Amazonie

Opéra de Manaus

La samba, reine de Rio

Ce sont les esclaves d'Afrique noire qui amenèrent les origines de la samba au Brésil. Une fois l'esclavage aboli à la fin du XIXe siècle, de nombreux affranchis migrèrent vers les grands centres urbains comme Rio, créant du même coup les premières favelas. Un métissage de traditions et de folklore s'ensuivit, d'où naquirent la samba et d'autres danses. Popularisée à partir des années 1920, la samba est désormais pratiquée sur toute la planète, mais cela reste un des symboles les plus importants de Rio, en particulier lors du fameux Carnaval qui se tient en février et parfois en mars chaque année. Durant cinq jours, les meilleures écoles de samba paradent sur des chars abondamment décorés, dans un esprit de fête unique au monde.

Lune de miel et romance

Jours 7 et 8
Minas Gerais

C'est l'une des régions les plus authentiques de tout le Brésil, écrin de cités splendides au patrimoine qui ferait pâlir d'envie la vieille Europe. En tête de peloton, Ouro Preto abonde en bulbes baroques et en demeures nobles aux façades blanches. La cuisine locale y est aussi savoureuse que les pas de danse qu'on improvise sous les becs de gaz. À Congonhas, nous voilà soudain transportés au Portugal, tandis que les palmiers apportent une touche *muito tropical*. Enfin à Mariana, le charme opère et une pause contemplative s'impose dans cette ville endormie et nichée entre les montagnes : première colonie portugaise de la région, elle nous transporte d'un battement de cils quatre siècles en arrière.

Jours 9 et 10
Amazonie

Une halte à Manaus d'abord, pour visiter l'opéra où même Sarah Bernhardt venait faire se pâmer son public. La capitale mondiale du caoutchouc tira sa gloire des richesses de l'Amazonie que d'aucuns appellent l'enfer vert ; mais on préfère dire que c'est un paradis, peut-être parce qu'il reste peu d'environnements aussi riches et variés sur la planète. Comble du romantisme... une balade en pirogue sous le clair de lune comblera vos désirs d'exotisme avant que vous ne rejoigniez les bras de Morphée dans un hamac enveloppant, au cœur de la jungle mais en *lodge* luxueux s'il vous plaît.

Ouro Preto, Minas Gerais

Jours 11 à 13
Salvador

Salvador, reine incontestée de Bahia, est sûrement l'allégorie la plus fidèle de la joie de vivre. Le soleil n'est jamais en reste pour inonder de lumière les façades en techni-color des pousadas et les corps parfaits qui se bousculent sur la plage. Pour sceller à jamais votre amour, n'oubliez pas le tradi-tionnel ruban porte-bonheur aux grilles de l'église Nosso Senhor do Bonfim avant de prendre un bain de parfums dans l'un des marchés populaires de Ribeira. Passion latine, rythmes africains, et partout la même envie de célébrer tout et n'importe quoi, comme si la vie n'était vouée qu'à être une fête permanente.

Le Brésil à la carte

République fédérative du Brésil

Capitale Brasilia

Langue officielle Portugais

Religion Catholicisme

Étiquette Peuple latin par excellence, les Brésiliens ont une bulle interpersonnelle de moindre importance. Ne soyez donc pas choqué s'ils ont le toucher facile ou s'approchent trop près, c'est simplement l'expression de leur chaleur humaine toute naturelle.

Un plat La *feijoada* est le plat national, constitué de haricots noirs, riz et viande de porc.

Une personnalité Oscar Niemeyer est l'un des plus célèbres architectes et designers brésiliens. Il a notamment créé de toutes pièces la capitale Brasilia.

Lune de miel et romance

25

▶ **Quand y aller ?**
Les Seychelles bénéficient d'un climat idéal toute l'année, mais on préférera la période de mars à novembre, perpétuellement chaude et ensoleillée !

▶ **9 jours**

▶ **De Mahé**
   à La Digue

Lune de miel et romance

Pour qui ?
Pourquoi ?

Les amoureux de la nature et les couples se délecteront de leur séjour. On trouve aux Seychelles certains des hôtels les plus luxueux au monde, alors pourquoi ne pas succomber au caprice de quelques nuits sur une île privée ?

Inoubliable...

▶ Contempler les orchidées multicolores de la vallée de Mai.

▶ Admirer le coucher de soleil à l'anse Soleil de Mahé.

▶ Prendre part à une excursion dans les petites îles intérieures.

▶ Découvrir les formations granitiques des anses de Praslin.

Seychelles
Paradis sur terre

Elles symbolisent le rêve à l'état pur : les Seychelles, que le soleil inonde sans retenue à longueur d'année, semblent presque trop parfaites pour êtres réelles. Là-bas, le ciel est sans fin et les plages déroulent leurs longs rubans immaculés. Attention au vertige qui pourrait vous saisir : l'absence de civilisation est vite addictive, surtout lorsqu'elle se goûte à deux sur un îlot hors du monde ou dans un jardin sauvage où la nature a déployé ses plus beaux attraits. Et on n'ose même pas vous dire à quel point l'alizé maîtrise la douceur de son souffle. En bref, vous risquez fort de ne jamais vouloir prendre votre vol de retour.

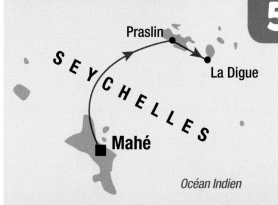

Tortue géante des Seychelles

Un patrimoine naturel d'exception

L'archipel compte 115 îles et îlots au total. Certaines îles ont toujours eu la faveur des voyageurs, mais il serait dommage de faire l'impasse sur les petites merveilles que sont Frégate, Denis, Bird ou Aride. Quelques-unes ont un statut privé, mais toutes sont classées réserves naturelles. Les Seychelles sont en effet renommées pour abriter la plus forte proportion de faune et de flore endémiques sur le plus petit territoire au monde : des oiseaux, reptiles ou plantes qu'on ne voit nulle part ailleurs et que les autorités protègent sans concession pour conserver cet éden intact.

Les Seychelles à la carte

République des Seychelles

Capitale Victoria

Langues officielles Anglais, français, créole seychellois

Religion Christianisme

Étiquette Les compliments faits sans raison sont à éviter, car ils peuvent porter malheur.

Un plat Le cari coco, à base de poisson ou de viande, est un ragoût longuement mijoté dans une sauce au lait de coco et aux épices.

Une personnalité Peintre du début du XXe siècle, Marianne North s'attache aux sujets naturalistes et sublime la flore seychelloise à travers sa palette.

Itinéraire

Mahé
Jours 1 à 4

C'est l'oasis vivante et bigarrée de l'archipel. Déambulez dans les marchés entre étals de tissus et bijoux de coquillages, sirotez un cocktail de jus frais à l'ombre d'un temple tamoul ou observez le rituel de la pêche au port de Victoria. Sur les hauteurs de l'île, la réserve du Cap Lazare offre un point de vue sans égal sur le miracle de la nature que sont les Seychelles.

Praslin
Jours 5 à 7

Adam et Ève ont déserté les lieux depuis longtemps, mais le décor de paradis de la vallée de Mai est resté intact. Cascades cristallines, feuillages vert fluo et colibris parsèment ces lieux enchanteurs où prospère l'insolite «coco fesse», véritable mascotte de l'île aux vertus jalousées. À quelques encablures de là, Cousine et Curieuse, les petites sœurs de Praslin, abritent une faune endémique unique sur la planète.

La Digue
Jours 8 et 9

Même les cartes postales les plus inspirées ne parviennent pas à rendre compte de la beauté des plages de La Digue. Et si les clichés (de rêve) ont la vie dure, la vôtre prendra soudain un air de félicité lorsque le seul horizon en vue sera un lagon transparent, un rocher de granit aux courbes douces et la frange ébouriffée d'un bosquet de cocotiers. Enfin, il suffit de s'aventurer dans l'anse Source d'Argent pour comprendre l'essence même du mot «idyllique».

Lune de miel et romance

27

Réserve du Masai Mara, Kenya

Safari

Voyager pour observer une faune unique dans les plus beaux parcs naturels de l'Afrique.

▶ **Quand y aller ?**
Le climat tempéré de l'Ouganda permet d'y voyager à peu près en toutes saisons. La période sèche, de novembre à mars, est toutefois encore plus agréable.

Chimpanzé, forêt de Kibale

Safari

▶ **9 jours**

▶ **Boucle au départ d'Entebbe**

Pour qui ? Pourquoi ?

La nature ougandaise se mérite : les forêts impénétrables et les reliefs escarpés traversés combleront les baroudeurs et les voyageurs épris de périples 100% aventure.

Inoubliable...

▶ *Arriver aux légendaires sources du Nil.*
▶ *Accompagner les chercheurs de Kibale dans leur étude des chimpanzés.*
▶ *Faire la croisière sur le canal de Kazinga, peuplé de milliers d'oiseaux.*
▶ *Expérimenter la rencontre d'une vie avec les gorilles des montagnes de Bwindi.*

Ouganda
Aux origines du monde

Un retour aux origines, aux racines de l'humanité, voilà l'impression que laisse la découverte de l'Ouganda. Enserré dans la pince de la vallée du grand rift africain, le pays abrite une nature on ne peut plus brute, tour à tour impénétrable, sauvage ou paisible, mais toujours séductrice. S'aventurer dans un safari pour observer la faune exceptionnelle qui y réside, des lacs Victoria ou Bunionyi à la forêt de montagne de Bwindi, nous rappelle à chaque seconde que le voyage doit toujours se parer de respect face aux merveilles que la planète nous a données.

Jabiru, canal de Kazinga

Dans la savane ougandaise

Murchison Falls

Itinéraire

Jour 1

Entebbe – Sanctuaire de Ziwa

Au départ d'Entebbe, ralliez le sanctuaire aux rhinocéros de Ziwa, en plein cœur du pays. Sur la route, champs de thé et plantations de canne à sucre illuminent la nature d'un vert vif, puis les arbres envahissent le paysage au fur et à mesure qu'on approche du sanctuaire. Ce vaste projet de réhabilitation de la population de rhinocéros, décimée depuis des décennies, est surtout l'occasion d'observer ces impressionnants mammifères dans des zones protégées.

Jour 2

Parc national de Murchison Falls

Scindé en deux par le Nil, ce parc offre un regard inédit sur les merveilles de la savane. On y observe, bien sûr, toutes les stars habituelles du bush africain, mais aussi des kobs, des crocodiles du Nil et des oribis dans une variété de paysages. Mais l'attrait de Murchison, ce sont les cascades puissantes qui jaillissent depuis un goulet d'étranglement avec une force spectaculaire, pour s'engouffrer dans la vallée du Rift occidental 40 m plus bas dans un grondement wagnérien. Sur le lac Victoria, les eaux apaisées se prêtent à une croisière : sortez vos jumelles pour épier les cigognes et aigrettes qui jouent à cache-cache derrière les papyrus.

Jours 3 et 4

Forêt de Kibale

En suivant la route vers le sud-est, vous traverserez Fort Portal, capitale de l'ancienne couronne de Toro, puis plusieurs villages colorés qui profitent de la culture du thé, première richesse de la région. Arrivée à Kibale, royaume des chimpanzés. C'est là que vous ferez une expérience extraordinaire : passer une journée en compagnie de chercheurs qui étudient le comportement de ces primates dans leur milieu naturel. Repas, éducation des plus jeunes, préparation du couchage et jeux domestiques, autant de moments rares que peu de voyageurs pourront voir et même partager.

Safari

Grue royale

Forêt de Bwindi

Sauver les gorilles de montagne

Le Programme international pour la conservation des gorilles (PICG) regroupe plusieurs organisations d'État et ONG qui supervisent ensemble la protection de cette espèce menacée au Rwanda, en Ouganda et en République démocratique du Congo, et ce, depuis 1991. La population des gorilles de montagne ayant fortement réduit depuis les années 1970-1980, le PICG œuvre de concert avec les populations locales afin de maintenir intact l'habitat naturel de ce mammifère dont l'ADN est commun à 98% avec celui de l'homme. La création de zones protégées, la réglementation stricte de l'écotourisme au moyen de permis de visites et, surtout, la surveillance des écosystèmes tels que la forêt dense de montagne (les gorilles sont des herbivores qui se nourrissent de 25 kg de végétation par jour) permettent la survie de l'espèce face aux contextes hostiles comme le braconnage, les maladies humaines et la déforestation sauvage.

SOUDAN DU SUD

RÉPUBLIQUE DÉMOCRATIQUE DU CONGO

Parc national de Murchison Falls

OUGANDA

Forêt de Kibale

Sanctuaire de Ziwa

Parc national Queen Elizabeth

● Kampala

■ **Entebbe**

Lac Mburo

Lac Victoria

RWANDA

Lac Bunionyi

Forêt de Bwindi

BURUNDI

TANZANIE

Jours 5 et 6

Parc national Queen Elizabeth

Plus riche écosystème de toute la région, le parc Queen Elizabeth est alimenté en eau depuis les neiges des Rwenzori, ou Montagnes de la Lune, qui se déversent dans les lacs George et Edward, eux-mêmes reliés par le canal de Kasinga. Vous naviguerez sur celui-ci pour observer les gros essaims gris d'hippopotames du Nil qui s'y baignent. Sur les rives, le tourbillon de plumes des hérons, cigognes, ibis, marabouts et autres aigles pêcheurs donne le tournis ; cette concentration de 600 espèces d'oiseaux aquatiques est unique au monde.

Autre scène au bout de la forêt de cactées colossales qui mène vers Ishasha, là où la

Lac Bunionyi

savane reprend ses droits : les phacochères et les buffles qui se disputent l'autorité des lieux sous l'œil insolent des lionnes affalées dans les branches des arbres.

Jour 7

Forêt de Bwindi

Le moment tant attendu approche. L'aurore est encore pâle sous la brume qui noie le monde dans un épais coton, où l'on distingue à peine la forêt de bambous. À près de 3 000 m d'altitude, vous voilà enfin chez eux. Un branchage craque, le mur vert devant vous se brouille, une paire d'yeux curieux se montre. Enfin les gorilles s'avancent, tout en port altier et pas lourd. Le salut demeure silencieux. Qu'importe, vous voilà sans voix, brisé d'émotion devant la majesté de la nature à l'œuvre.

Jours 8 et 9

Lacs Bunionyi et Mburo – Entebbe

Rarement un endroit aura aussi bien porté son nom : la zone du lac Bunionyi, ou «endroit des nombreux oiseaux» en langue chiga, abrite en effet d'importantes colonies de passereaux, hérons et surtout, toute en grâce, la grue royale, à la silhouette empennée d'or et d'argent, et emblème national de l'Ouganda. De petites îles cultivées en terrasses ajoutent au charme du lac, où l'on peut se baigner sans craindre les coups d'estoc des crocodiles. Avant de retourner à Entebbe, dernière escale au lac Mburo pour observer zèbres et élands, ces antilopes surdimensionnées.

L'Ouganda
à la carte

République d'Ouganda

Capitale Kampala

Langue officielle Anglais (**autres langues :** acholi, kignada, konjo)

Religions Christianisme, islam

Étiquette L'homosexualité est très sévèrement réprimée en Ouganda et sa dénonciation est, depuis peu, rendue obligatoire par une loi.

Un plat le *matooke*, purée de bananes plantains relevée de sauce aux arachides, qu'on sert seul ou accompagné de viande ou de poisson.

Une personnalité Taban Lo Liyong, écrivain et critique littéraire très attaché à la défense de la culture africaine dans le monde.

Safari

Lac Malawi

▶ **7 jours**

▶ De **Lilongwe**
au **lac Malawi**

Pour qui ?
Pourquoi ?

Les fous d'Afrique, qui auront arpenté les savanes de l'est et du sud du continent, adoreront ce diamant brut qu'est le Malawi : nature inviolée, faune abondante et gentillesse naturelle d'un peuple qui ne s'est pas soumis au tourisme. Ce voyage est une bouffée d'air frais !

Inoubliable...

▸ *Assister à un rituel chewa, coloré et impressionnant.*

▸ *Partir en safari aux hippopotames sur le fleuve Shire.*

▸ *Se prélasser sur l'une des îles tropicales du lac Malawi.*

Malawi
Nature ultime, safari et plage

Si placer le Malawi sur une carte de l'Afrique est une épreuve pour plusieurs, aimer ce petit pays est chose instantanée. On n'y verra pas les Big Five qui prennent leurs quartiers plus au sud, mais une faune bien plus fascinante, tels ces impalas aux cornes tordues, retroussées, en tire-bouchon ou façon lyre baroque, les gros hippopotames dédaigneux qui font rôtir leurs défenses au soleil, ou les bataillons de poissons qui ondulent en grands nuages fluorescents dans les eaux du lac Malawi. Et que dire de ce peuple qui a fait de l'hospitalité un orgueil national, de son folklore si riche et bigarré, dont les rituels invoquent des esprits plus anciens que la terre elle-même...

Le Gule Wankulu

Cette cérémonie rituelle est pratiquée par les Nyaus, une société secrète d'initiés au sein du groupe ethnique Chewa qui prédomine au Malawi. Au travers de *mwambos* (rituels), danses, chants tribaux et mimiques extrêmement codifiés, le monde spirituel est matérialisé devant l'ensemble de la communauté, mettant en exergue les principes du bien et du mal, de l'arc-en-ciel (Chiuta) et de la terre (Namalango). Ces danses, dont la force visuelle est soutenue par des costumes sophistiqués et des masques en bois à la fois effrayants et spectaculaires, mettent en scène des personnages à tête d'animaux ou d'esprits, et servent également de rites initiatiques pour le passage à l'âge adulte chez les hommes.

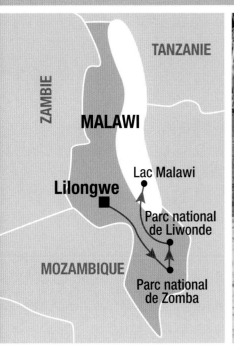

Hippopotames, fleuve Shire

potames et babouins jaunes qui résident sur les berges verdoyantes. Dans les terres, les troupeaux d'éléphants semblent se fondre dans les grands empilements rocheux, leurs oreilles capricieuses battant comme des voiles sous le vent.

Jours 6 et 7

Lac Malawi

Long doigt bleu qui s'étend sur la frontière est du pays, le lac Malawi, plus méridional des lacs du grand rift africain, possède des eaux d'une infinie pureté : on y voit clairement jusqu'à 20 m de profondeur ! Ses rives sont bordées de petits villages typiques ou d'*ecolodges* comme à Makuzi Beach, qui proposent de multiples activités tel le kayak ou la plongée. Depuis la plage immaculée, faites une excursion en bateau jusqu'à l'île aux varans pour une parenthèse préhistorique, ou vers l'île de Likoma, petit paradis tropical et plus beau secret de tout le Malawi…

Le Malawi
à la carte

République du Malawi

Capitale Lilongwe

Langue officielle Anglais (**autre langue :** chichewa, 50% de locuteurs)

Religions Christianisme (68%), islam (25%)

Étiquette La ponctualité est une rareté au Malawi ; pensez-y lors des rencontres ou des rendez-vous avec des Malawites.

Un plat Le *nshima*, base de l'alimentation malawite, est un mélange de farine de manioc et d'eau. Il accompagne viandes et poissons.

Une personnalité Esau Mwamwaya, chanteur qui mêle sons traditionnels du malawi et influence hip-hop.

Itinéraire

Jour 1

Lilongwe

Ancien petit port de pêche, Lilongwe est une capitale en plein essor qui n'a pas encore cédé au chaos comme certaines de ses consœurs africaines. On y trouve des marchés qui présentent tout l'artisanat du pays, comme ces effigies animistes de bois ou des masques rituels, mais aussi quelques beaux édifices datant de l'époque coloniale britannique.

Jours 2 et 3

Parc national de Zomba

Ascension en 4x4 du plateau de Zomba, à l'extrémité sud du Rift, avec au passage des vues superbes sur le lac Chriwa et les plaines de Phalombe. Ces panoramas dont les Anglais tombèrent amoureux à leur arrivée se partagent entre forêts de cèdres et cyprès, collines aux broussailles échevelées et rivières aux boucles gracieuses. La faune n'est pas en reste : léopards aux airs patelins, aigles pêcheurs et antilopes évoluent sous les gigantesques nuées de papillons qui embrasent le ciel de leurs chauds reflets.

Jours 4 et 5

Parc national de Liwonde

La beauté sauvage des paysages de ce parc possède un charme presque romantique, surtout aux abords de la rivière Liwonde, festonnée de palmiers doums. Le meilleur moyen de découvrir le parc reste un safari en bateau à moteur sur le fleuve Shire pour observer les phacochères, impalas, hippo-

Safari

▶ **Quand y aller ?**
La période la plus favorable se situe entre juin et octobre : c'est alors qu'on peut observer des centaines de milliers d'animaux dans les différents parcs nationaux et réserves.

▶ **9 jours**

▶ De **Nairobi** à **Mombasa**

Éléphants, parc national d'Amboseli

Pour qui ?
Pourquoi ?

Destination traditionnelle des safaris, le Kenya possède les plus beaux parcs animaliers du continent africain : voilà de quoi ravir les aventuriers dans l'âme et surtout les photographes en quête de clichés uniques.

Inoubliable...

▶ Rencontrer les guerriers masais et découvrir leurs traditions pastorales.

▶ Faire une longue pause au bord du lac Nakuru et observer les vagues roses des flamants.

▶ Immortaliser la vision des troupeaux d'éléphants devant le Kilimandjaro.

▶ Découvrir un autre Kenya : les plages de Diani et Tiwi non loin de Mombasa.

Kenya
De la savane aux cocotiers

La couronne du lion ondule au ralenti sous le vent chaud qui file à travers la savane. Imperturbable, le roi des animaux plisse les yeux, prêt à fondre sur sa pauvre victime, une gazelle de Thomson aux babines encore humides de sa pause au point d'eau. Cette scène, tout comme le barrissement en canon des éléphants dans les steppes d'Amboseli, ou le vol hypnotique des flamants à Nakuru, c'est un morceau d'Afrique à l'état pur, désarmant de beauté, tellement fantasmé et lorsqu'il survient, finalement encore plus fou que le fantasme... Finalement oui, un safari au Kenya, c'est bien un rêve d'enfant qui se réalise...

Lac Nakuru

Maison de Karen Blixen, Nairobi

Jeunes masaïs

Out of Africa

Au-delà d'une passion flamboyante portée à l'écran par Sydney Pollack en 1986 dans un film qui offrit l'un de ses plus beaux rôles à l'actrice Meryl Streep, *Out of Africa* (*Souvenirs d'Afrique*) est une déclaration d'amour au Kenya. Sublimés par la caméra du chef opérateur David Watkin, les paysages kenyans faillirent pourtant s'évanouir au gré des caprices des autorités locales, alternant promesses et interdictions de tournage. On fit même venir des lions depuis les zoos de Californie pour que la faune soit correctement représentée ! Après une production cauchemardesque et le labeur acharné de 16 monteurs sur le film, celui-ci remporta une pluie d'Oscars et connut un succès international, faisant du Kenya la destination à la mode. Un chef-d'œuvre à découvrir absolument, tout comme le roman autobiographique de Karen Blixen, à l'origine de ce mythe du cinéma hollywoodien.

Itinéraire

Jours 1 et 2

Nairobi – Réserve du Masai Mara

Le nom en soi est devenu un mythe, la quintessence des safaris africains. Arche de Noé terrestre, le Masai Mara concentre lions, guépards, kobs, hyènes, zèbres, gazelles et bien d'autres sur un territoire de 1 500 km^2. Plus d'un million de mammifères transitent par ces paysages de prairies, marécages et savane arbustive lors de leur migration, ou ce que d'autres ont surnommé «le cycle de la vie». Mais l'homme y a aussi trouvé une place de choix : bâton tendu vers le ciel, ceints de grands pans de tissus éclatants et harnachés de parures somptueuses, les guerriers masaïs perpétuent une tradition pastorale séculaire. Partez à la rencontre de ce peuple clanique et fier.

Jour 3

Parc national de Nakuru

Traversez les plaines de Loita, passage rituel des gnous durant leur migration, avant d'arriver sur les rives du lac Nakuru, le mirage rose du pays. Soudain la surface du lac prend vie dans un jaillissement d'ailes parfaitement chorégraphié : des dizaines de milliers de flamants prennent leur envol, ou peut-être cette parade sublime est-elle un accueil spécial qui vous est réservé. En arrière-plan, les derniers rhinocéros noirs boudent le spectacle en pourchassant les girafes de Rothschild qui fuient vers un tapis vert d'euphorbes. Montez au sommet de Baboon Cliff pour succomber à ce spectacle unique au monde.

Safari

Rhinocéros, parc national du Tsavo

Autruches, parc national d'Amboseli

Plage de Diani

Safari

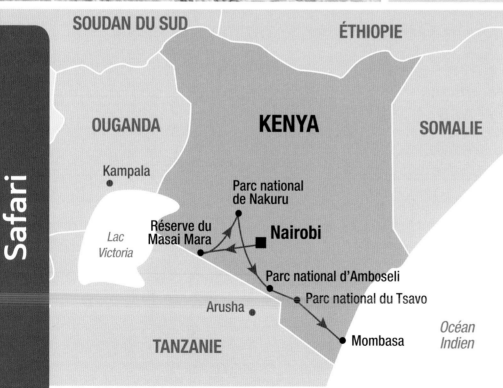

SOUDAN DU SUD

ÉTHIOPIE

OUGANDA

KENYA

SOMALIE

Kampala

Parc national
de Nakuru

Réserve du
Masai Mara

Lac
Victoria

Nairobi

Parc national d'Amboseli

Parc national du Tsavo

Arusha

Océan
Indien

TANZANIE

Mombasa

Jour 4

Parc national d'Amboseli

Avec les neiges éternelles du Kilimandjaro en toile de fond, difficile de faire plus majestueux que le parc d'Amboseli. Ici les éléphants, en processions silencieuses, s'entraînent à piétiner la savane décharnée du pas le plus lent possible, comme pour être certains d'avoir la plus belle pose devant votre caméra. Mais voilà qu'un chapelet d'antilopes surgit dans le champ avant de filer vers l'horizon trouble. Dès l'aube, il faut rouler sur les pistes ocre et tomber en amour avec la lumière magique qui inspira Kessel et Hemingway.

Observation des girafes

Jours 5 et 6

Parc national du Tsavo

C'est un monde en soi : savane, chaînes montagneuses, forêts d'acacias et rivières sinueuses forment le paysage contrasté du Tsavo, qui s'étend sur 10 millions d'hectares. Une telle immensité permet de visiter le parc en toute quiétude, comme seul au monde, et d'observer à loisir les oryx, impalas, rhinocéros, buffles et éléphants dont la peau d'écorce se teinte de rouge à cause de la poussière. À Lugard Falls, une piste longe la rivière Galana là où les mammifères viennent s'abreuver pendant la saison sèche. Admirez aussi les sources volcaniques Mzima, qui produisent 190 millions de litres d'eau fraîche et désaltèrent les crocodiles du Nil qui ont élu domicile non loin.

Jours 7 à 9

Mombasa

Son passé de comptoir portugais sur la route des Indes fit très tôt de Mombasa une escale de choix pour les navigateurs : on y embarquait l'or, l'ivoire et des épices vers l'Europe. De cette période faste, la ville a gardé quelques vestiges comme le fort Jesus. De nos jours, Mombasa et sa côte de sable blanc sont surtout un havre aux saveurs tropicales que borde l'océan Indien. Cabanes de Robinson sur la plage et excursion aux parcs marins de Kisite et Mpunguti pour nager avec les dauphins ou parmi les coraux chatoyants ; quelle belle dernière page à vivre pour cette découverte du Kenya…

Le Kenya
à la carte

République du Kenya

Capitale Nairobi

Langues officielles Swahili, anglais (**autres langues :** langues bantoues, couchitiques et nilotiques)

Religions Christianisme, islam

Étiquette Sentez-vous libre de manger avec les doigts si les autres convives le font, mais abstenez-vous d'utiliser la main gauche, considérée comme impure.

Un plat L'*ugali*, bouillie de maïs broyé dans laquelle on trempe un légume ou un *nyama choma*, morceau de viande grillée.

Une personnalité Suzanna Owiyo, chanteuse renommée et compositrice qui allie sons luo, pop et tendance *world*.

Safari

▶ **Quand y aller ?**
*Partez entre septembre et janvier :
températures plus douces dans le désert
du Namib, vendanges sur la route des vins
en Afrique du Sud et nuits agréables dans
la savane seront au programme.*

Désert du Namib

▶ **14 jours**

▶ De **Johannesburg**
à **Cape Town**

**Pour qui ?
Pourquoi ?**

*Un temps le bout du monde et
escale des grands navigateurs,
l'Afrique australe livre tous
ses secrets aux fondus de
faune exotique, de cultures
traditionnelles et, surtout, de
paysages parmi les plus beaux au
monde.*

Inoubliable...

▶ *Assister au spectacle mythique
des chutes Victoria.*

▶ *Faire un safari en pirogue dans le
delta de l'Okavango.*

▶ *Gravir les dunes de Sossusvlei
dans une infinie quiétude.*

▶ *Goûter aux meilleurs cépages
d'Afrique du Sud.*

Afrique du Sud, Namibie, Botswana et Zimbabwe
La croix du Sud

C'est l'un des plus beaux voyages qu'on puisse faire en Afrique australe. Un périple qui débute et s'achève dans la nation arc-en-ciel, avec au passage une variété inouïe de paysages : marécages de l'Okavango, savane d'Etosha, désert du Namib, côtes déchiquetées du Cap, là-bas le spectacle ne fait pas dans la demi-mesure. À cette abondance visuelle répond une non moins foisonnante faune exotique, les Big Five en tête évidemment, qui sera escortée par autant de mammifères qu'il est possible d'imaginer. Terre de safaris, terre d'exploration, terre magique aussi, qui se pare d'onirisme à chaque étape, voici simplement le meilleur de l'Afrique, le chef-d'œuvre de notre monde.

Bo-Kaap, Cape Town

Safari en *mokoro*, delta de l'Okavango

Oryx, parc national d'Etosha

Guépard, parc national de Chobe

Itinéraire

Jour 1
Johannesburg

Johannesburg, c'est tout un pan de l'histoire sud-africaine à découvrir à l'émouvant musée de l'Apartheid et au Hector Pieterson Memorial and Museum : documents, films, témoignages abondent sur ce moment difficile de l'histoire du pays. Découvrez en périphérie de la ville Gold Reef City, un parc d'attractions consacré à la ville au début du XXᵉ siècle durant l'exploitation minière, ou visitez Soweto en toute humilité.

Jours 2 et 3
Chutes Victoria

Vol pour le Zimbabwe, direction les chutes Victoria. Rarement la nature ne s'est autant exhibée avec ces titanesques rideaux de brume et d'eau qui s'écoulent en gros bouillonnements, et qu'on entend à 30 km à la ronde. Plates-formes d'observation, ponts suspendus, survol en hydravion, *lodge* de luxe à proximité immédiate, les options pour profiter des lieux et des parcs nationaux attenants sont multiples.

Jour 4
Parc national de Chobe

Couvrant plus de 11 000 km² dans le nord du Botswana, Chobe est véritablement un paradis animalier avec une population de 50 000 éléphants du Kalahari, la plus grande des espèces du genre. Dans la région du Savuti, gnous, koudous, zèbres et guépards abondent sur une terre où alternent marécages et prairies clairsemées.

Jours 5 et 6
Delta de l'Okavango

Second plus grand delta intérieur au monde après celui du Niger, l'Okavango est un labyrinthe où l'eau et la terre se disputent une suprématie sans cesse changeante. Cerné par les grondements sourds de léopards et des beuglements de buffles, on embarque pour un safari-photo sur une *mokoro*, frêle pirogue qui glisse en douceur entre les nappes de nénuphars et les rideaux de roseaux. Passez la nuit dans un *lodge* édifié sur une île au cœur du delta et éclairé avec des lampes à pétrole.

Jours 7 et 8
Parc national d'Etosha

Vous voilà en Namibie. Etosha, le « grand vide » en langue nama, porte mal son

Safari

41

Le peuple Himba

Peuple bantou établi dans le Kaokoland, dans le nord de la Namibie, les Himbas sont de lointains voisins des Masais, venus de Nubie et qui ont migré vers le sud au cours des siècles à travers le Zimbabwe et l'Angola. L'apparence des membres de cette ethnie, à l'équilibre économique précaire (elle vit principalement de l'élevage dans une région très aride), continue de fasciner les voyageurs qui les rencontrent. Les femmes s'enduisent par exemple tout le corps d'une pommade composée de graisse animale et de poudre d'hématite, un minéral de teinte rouge de la région, afin de se protéger du soleil et des insectes. Le monde spirituel est également d'une grande importance, car les Himbas ont comme tradition de croire que leurs morts se réincarnent dans leurs troupeaux de bovins, troupeaux qui sont au centre de leur vie. Partagés entre un mode de vie très simple et les sirènes du tourisme moderne qui en ont fait une attraction locale, il importe avant tout de respecter les Himbas, leur territoire et leur culture.

Springbok, parc national d'Etosha

Safari

nom : c'est l'une des plus riches réserves animalières d'Afrique avec 110 espèces de mammifères, 350 d'oiseaux et 100 de reptiles. Comptez sur l'œil affûté de votre *ranger* pour repérer springboks, oryx, lions et bubales roux tapis derrière les broussailles ou en quête de leur future proie. Le soir venu, prenez vos quartiers dans un camp de tentes pour dormir aux sons de la savane.

Jour 9

Windhoek – Swakopmund

Pause urbaine en cette journée pour découvrir les vestiges de la période coloniale allemande. À Windhoek, capitale namibienne, les bâtiments pastel sont surmontés de frontons néo-baroques,

comme la gare ferroviaire ou l'église luthérienne. Découvrez aussi les somptueuses façades de villas allemandes sur l'avenue Robert Mugabe. Vous retrouverez cette ambiance germanique à Swakopmund, station balnéaire édifiée entre océan et désert pour la bourgeoisie de l'époque. Édifice Hohenzollern, tribunal ou résidences du front de mer, et soudain l'Afrique prend des accents baltiques.

Jour 10

Désert du Namib

Il semble neuf, ce désert, tant tout y est pur : les dunes de Sossusvlei, grands tas lisses de poussière orange, ondulent derrière les silhouettes décharnées d'acacias noircis par les âges à Dead Vlei, un *no man's land* de sel. On y monte à pied, pour s'apercevoir que l'orange est soudain

devenu pourpre, puis violet sous l'action d'un stroboscope invisible. Le soir tombe aussi vite que la muraille de dunes plonge dans l'Atlantique, vision d'apocalypse.

Jours 11 à 13

Cape Town

Trois jours et pas un de trop pour tomber amoureux du Cap qui décline ses quartiers cosmopolites au pied de la montagne de la Table, l'un des plus beaux promontoires naturels au monde, qu'on peut descendre en téléphérique pour admirer un panorama unique sur la ville. Promenez-vous sur le V&A Waterfront, qui concentre les meilleurs restaurants de la ville, avant de déambuler dans Bo-Kaap, le quartier musulman aux proprettes maisons couleur pistache ou fuchsia. Et pour les amateurs de sensa-

Chutes Victoria

tions fortes, quoi de mieux qu'observer les baleines à Hermanus ou tenter l'expérience d'un safari au grand requin blanc à Gaansbai !

Jour 14

Péninsule du Cap

Au sud de la ville, la péninsule du Cap est un patchwork de paysages variés et sauvages qui se dévoilent le long de la route de Chapman's Peak, creusée à même la roche des falaises de grès et de granit. On atteint le cap de Bonne-Espérance, tant redouté par les marins, au confluent des océans Indien et Atlantique. Retour par Simon's Town, qui doit sa renommée à ses demeures victoriennes et à une population de manchots qui a élu domicile depuis un siècle sur Boulders Beach.

L'Afrique du Sud à la carte

République d'Afrique du Sud

Capitale Pretoria

Langues officielles Anglais, afrikaans, isiZulu, isiXhosa, setswana, xitsonga, sotho du Sud, siSwati, sotho du Nord, tshivenda, isiNdébélé

Religions Christianisme, islam

Le Botswana à la carte

République du Botswana

Capitale Gaborone

Langues officielles Anglais, tswana (**autres langues :** kalanga, sekgalagadi)

Religions Christianisme, islam

La Namibie à la carte

République de Namibie

Capitale Windhoek

Langue officielle Anglais (**autres langues :** afrikaans, allemand, dialectes locaux)

Religions Christianisme (luthérisme), animisme

Le Zimbabwe à la carte

République du Zimbabwe

Capitale Harare

Langues officielles Anglais, shona, ndébélé, plus 13 autres ajoutées selon la Constitution de 2013.

Religions Christianisme, animisme

Safari

Bongos

Quand y aller ?

De novembre à février, durant la saison sèche. L'harmattan souffle alors du Sahara, apportant dans ses fortes bourrasques le sable du désert dès le mois de mars.

▶ **8 jours**

▶ De **Lomé** à **Ouagadougou**

Pour qui ? Pourquoi ?

On ne pense pas d'emblée à l'Afrique noire pour un safari. Pourtant les paysages y sont aussi splendides que dans la partie est ou australe du continent, et la faune aussi spectaculaire. Littéralement, un voyage hors des sentiers battus pour les amateurs d'inédit.

Inoubliable...

- ▸ *Explorer le marché des féticheurs de Lomé.*
- ▸ *Prendre part à un safari-photo dans le parc de la Pendjari.*
- ▸ *Passer une nuit au camp de Nazinga, en pleine brousse.*
- ▸ *Découvrir les maisons peintes de Tiébélé au pays Gourounsi.*

Togo, Bénin et Burkina Faso
Safari Gourma

Un trio de destinations qui riment avec aventure et découverte. Des rencontres inoubliables avec les peuples Betammaribé ou Gourounsi, attachés à leurs traditions comme à la prunelle de leurs yeux. Des paysages de toute beauté qui mêlent savane, forêts luxuriantes et cascades. Et pour animer ce décor sauvage et envoûtant, une faune curieuse de lions sans crinière et d'antilopes marbrées comme des gâteaux napolitains, peu farouches devant votre objectif photographique. Soyez prêt pour la surprise dans ce monde dominé par les esprits...

Les maisons kassenas du Burkina Faso

Elles racontent l'histoire d'un peuple à travers son architecture. Réparties en concessions autour d'une vaste cour centrale qui accueille le bétail le soir venu, ces maisons traditionnelles prennent plusieurs formes : circulaires et au toit conique pour les hommes célibataires, rectangulaires à toit plat pour les couples ou en huit pour les familles multigénérationnelles. Ces dernières sont également les réceptacles des ancêtres. On y trouve grenier, cuisine et espace de vie. Mais l'élément le plus important de la maison est sa décoration extérieure : les murs sont entièrement peints de motifs en chevrons, triangles ou losanges évoquant de manière symbolique la pêche, les calebasses ou des animaux protecteurs tels que le lézard, le serpent ou la tortue. Les maisons kassenas sont une part indissociable du patrimoine culturel et traditionnel du Burkina Faso.

Phacochère

Itinéraire

Jour 1

Lomé

Arrivée à Lomé et découverte des hauts lieux de la capitale togolaise, comme l'impressionnant Akodésséwa ou marché des féticheurs.

Jour 2

Réserve de Fazao-Malfakassa – Kara

Le lendemain, route vers Kara en passant par la réserve de Fazao-Malfakassa au cœur du pays. Cette région subhumide et semi-montagneuse, ponctuée de cascades et de collines escarpées, abrite antilopes, bongos et éléphants ainsi que différentes espèces de colobes. Au cœur du parc s'élève un autel pour les esprits de la chasse qui prend la forme d'un rocher massif.

Jour 3

Parc national de Sarakawa – Natitingou

Première escale au village de Tcharé pour observer le labeur traditionnel des forgerons qui travaillent le métal à la pierre, avant de poursuivre vers Sarakawa, petite réserve dont les colonies de zèbres, bubales et kobs furent importées d'Afrique du Sud. Puis traversée de la frontière béninoise pour rencontrer les Betammaribés, dont les curieuses demeures de banco et de chaume, appelées *tata somba*, ressemblent à de petits châteaux forts. Dans les allées du village, les grands monticules de terre séchée sont des autels où sont vénérés les ancêtres.

Jours 4 et 5

Parc national de la Pendjari

Le mystérieux pays Somba se dévoile sous vos yeux avant le parc de la Pendjari, l'un des plus grands et des mieux préservés de l'Afrique de l'Ouest. Dans la savane forestière cohabitent guépards, hippopotames, éléphants, phacochères, hyènes et lions qu'on observe lors d'un safari en 4x4.

Safari

Cérémonie vaudou, Bénin

Marché des féticheurs, Lomé, Togo

Tata somba, Bénin

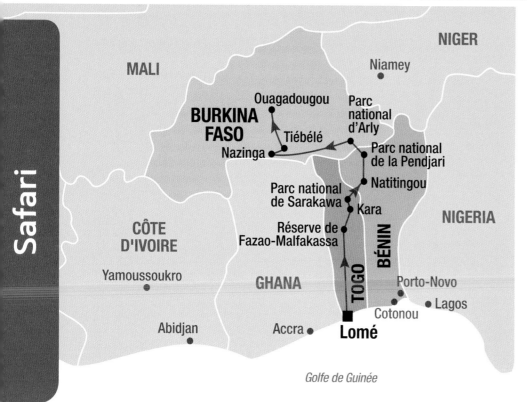

Safari

NIGER

MALI

Niamey

Ouagadougou

BURKINA FASO

Parc national d'Arly

Tiébélé

Nazinga

Parc national de la Pendjari

Natitingou

Parc national de Sarakawa

Kara

NIGERIA

CÔTE D'IVOIRE

Réserve de Fazao-Malfakassa

BÉNIN

Yamoussoukro

GHANA

TOGO

Porto-Novo

Lagos

Abidjan

Accra

Cotonou

Lomé

Golfe de Guinée

Jour 6

Parc national d'Arly

À la frontière burkinabée s'étend la réserve totale de la faune d'Arly, à la flore très riche : baobabs, karités, mais aussi savane herbeuse et forêt sèche qui protège de nombreuses espèces animales comme les grues couronnées, les guépards, les éléphants et les lions.

Jour 7

Nazinga

Au cœur de la forêt du même nom, le ranch de Nazinga est idéal pour des safaris-photos. Profitez-en pour compléter votre album avec de superbes clichés

Éléphants, Burkina Faso

d'éléphants (les vedettes du coin), d'hippotragues, de kobs et de crocodiles. En soirée, repas autour du feu sous le feuillage des fromagers avec les chasseurs, avant de plonger dans la piscine du campement.

Jour 8

Tiébélé – Ouagadougou

Sur la route de Ouagadougou, arrêt à Tiébélé, village typique du pays Gourounsi. Vous vous émerveillerez devant les façades des maisons kassenas, entièrement peintes de figures géométriques, fresques murales de toute beauté et empreintes de mystères antédiluviens.

Le Bénin à la carte

République du Bénin

Capitale Porto-Novo

Langue officielle Français (**autres langues :** yoruba, fon et nombreuses autres langues tribales)

Religions Christianisme (40%), islam (25%), animisme (17%)

Un plat Le *yovo doko*, beignet sucré à base de farine de blé.

Une personnalité Dez Altino, artiste émergent de la scène musicale burkinabée, qui s'inspire des rythmes traditionnels de son pays.

Le Burkina Faso à la carte

République du Burkina Faso

Capitale Ouagadougou

Langue officielle Français (**autres langues :** langues soudanaises)

Religions Islam (55%), christianisme (20%), animisme

Un plat Le poulet bicyclette, servi grillé et badigeonné d'un mélange d'huile, poivre, sel et ail en poudre.

Une personnalité Frédéric Titinga Pacéré, homme de lettres qui a publié plus de 20 ouvrages et a reçu la médaille d'honneur des écrivains en langue française.

Le Togo à la carte

République togolaise

Capitale Lomé

Langue officielle Français (**autres langues :** éwé, kabiyé et 42 dialectes reconnus)

Religions Animisme (50%), catholicisme (26%), islam (15%), protestantisme (9%)

Un plat Le *yeke yeke*, sorte de couscous très fin qu'on accompagne de sauce au poulet ou au bœuf.

Une personnalité Sami Tchak, romancier et essayiste qui tire parti de ses expériences autour du monde pour livrer des récits réalistes et pleins d'émotions.

Safari

Saint-Paul, La Réunion

Road trip

Voyager à son rythme dans des contrées aux routes scéniques et aux étapes fréquentes.

▶ **Quand y aller ?**
L'été est la meilleure des saisons, entre juin et août : la lumière révèle alors toutes les nuances de couleur d'une nature prodigieusement variée et l'animation dans les villes et villages est à son comble.

Route sinueuse dans les montagnes

▶ **7 jours**

▶ De **Calvi** à **Ajaccio**

Pour qui ? Pourquoi ?

Pour les adeptes d'une nature sauvage qui se découvre le long d'étapes facilement accessibles. Les amoureux du terroir et de randonnée seront également séduits par l'âme corse restée authentique.

Inoubliable...

▸ *Découvrir les fromages corses dans les marchés de Calvi.*

▸ *Admirer les fonds sous-marins du golfe de Porto.*

▸ *Visiter Cargèse, ses églises baroques et ses ruelles pleines de charme.*

▸ *Naviguer autour des îles Sanguinaires au coucher du soleil.*

Corse
Mare et Monti

L' union de la mer et de la montagne, voilà bien le plus beau des mariages naturels, et c'est en grande pompe que la Corse la célèbre. Singulière île qui ne cède rien de son cœur sauvage, là où même les routes les plus osées doivent s'accommoder de lacets tortueux dans les vallées et gorges. Mais quelle récompense que ce périple au volant : une nuée de villages figés dans le temps, perdus entre maquis et collines ondulantes, et dont les clochers sonnent lentement comme le cœur d'un vieux berger. Le long de la côte nord, on a bien tenté de faire des villes, mais les falaises y sont si déchirées – et si belles sous la lumière rouge du soir – que seule la mer a le droit d'y toucher. Île de Beauté, voilà bien un surnom chevillé à l'âme.

Statue de Napoléon, Ajaccio

Fromages corses

Îles Sanguinaires

Itinéraire

Jour 1

Calvi

Si l'on devait chercher un symbole de la fierté des Corses, la forteresse construite par les Génois au XIIIe siècle serait tout indiquée. Ses pierres blondes surmontent les façades du vieux port prises en flagrant délit de sieste, tandis que sur la Piazza Di U Merca artisanat local et produits frais débordent des étals.

Jour 2

La Balagne

Entre Calvi et L'Île-Rousse, la Balagne est le jardin de la Haute Corse avec ses essences typiquement méditerranéennes qui verdissent un paysage où les collines s'ornent de splendides vieux villages. De Corbara à Calenzana, c'est chaque fois un coup de cœur architectural, un panorama majestueux qui attendent le voyageur.

Jour 3

Gorges de la Spelunca

On part d'Ota pour découvrir la Spelunca, pays au charme très sauvage dont les pics de granit rouge semblent imprenables. De joyeux torrents carillonnent dans les gorges encaissées, et le sentier muletier ne vous laissera que l'embarras du choix pour une étape de pique-nique à l'ombre.

Jour 4

Réserve naturelle de Scandola

Presqu'île de rochers aux formes torturées plongeant dans une eau qui varie du turquoise au bleu de méthylène, Scandola est une vision inoubliable. C'est en bateau qu'il faut découvrir ce joyau naturel, à la recherche des grottes ou des nids de balbuzards, soldats à plumes qui gardent farouchement les falaises.

Jour 5

Golfe de Porto – Calanques de Piana

Assoupi au fond du golfe éponyme, Porto est un hameau propice au farniente sur

Road trip

Calanques de Piana

Église, Cargèse

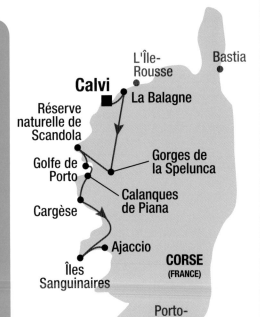

L'Île-Rousse

Bastia

Calvi

La Balagne

Réserve naturelle de Scandola

Golfe de Porto

Gorges de la Spelunca

Calanques de Piana

Cargèse

Ajaccio

Îles Sanguinaires

CORSE (FRANCE)

Porto-Vecchio

Mer Méditerranée

Bonifacio

Le mystère du drapeau corse

Apparu à la fin du XIIIe siècle, quand l'île de Beauté et la Sardaigne tombèrent sous domination aragonaise d'Espagne après un don du Saint-Siège qui les tenait dans son escarcelle, le drapeau corse symboliserait, avec sa tête à la peau sombre et aveuglée par un bandeau, la victoire des croisés sur les musulmans.

Une autre interprétation affirme que c'est un hommage à la victoire des soldats corses sur les Sarrasins alors en passe d'envahir l'île, les pauvres victimes se voyant décapitées et leurs têtes placées sur des piques pour terroriser les assaillants.

Légende ou réalité, c'est Pascal Paoli, général en chef de la nation corse quand celle-ci prend sa première indépendance en 1755, qui en fait l'emblème de l'île et fait, sur une nouvelle version du drapeau, relever le bandeau sur le front du personnage pour affirmer la fierté et l'autonomie corses. Depuis les années 1980, le drapeau représente la région dans toutes les institutions officielles, en plus d'être le symbole le plus important du nationalisme et des volontés indépendantistes en Corse.

Calvi

La Corse
à la carte

Collectivité territoriale de Corse (France)

Chef-lieu Ajaccio

Langue officielle Français

Religion Christianisme

Un plat Le cabri (viande de chèvre) en sauce, servi avec de la polenta de farine de châtaigne.

Une personnalité I Muvrini est un groupe de polyphonies corses qui a réhabilité ce style musical traditionnel depuis la fin des années 1970.

les plages attenantes, ou à une excursion en voilier jusqu'à la Girolata. C'est aussi de là qu'on part pour les calanques de Piana, où les roches semblent sorties d'un tableau de Dalí : les formes et couleurs du vallon du Dardo changent intensément à chaque virage, de quoi assurer le spectacle. Dans son écrin de verdure, le village de Piana lui-même offre des panoramas fastueux sur toute la région.

Jour 6

Cargèse –
Îles Sanguinaires

Cargèse est emblématique des villages corses : places et maisons fleuries, églises typiques, le tout surplombant

le golfe de Sagone. Non loin, les îles Sanguinaires s'étiolent à l'entrée du golfe d'Ajaccio. Le reflet des rayons du soleil couchant sur les roches de porphyre rouge est simplement sublime, surtout vu du large.

Jour 7

Ajaccio

C'est jour de marché et les ruelles de la vieille ville bruissent d'animation. Entre une dégustation de melon et la visite de la maison natale de Bonaparte, on fait un détour par le Musée A Bandera d'histoire corse méditerranéenne ou les plages de Porticcio, sur fond de concert des cigales.

Road trip

Road trip

▶ **Quand y aller ?**

Entre mai et septembre, la Provence et la Côte d'Azur explosent littéralement : floraison de la lavande, festivals et manifestations culturelles jusque dans les plus petits villages, ensoleillement maximal, rien ne manque au plaisir du voyageur.

Saint-Rémy-de-Provence

▶ **12 jours**

▶ **D'Avignon à Monaco**

Pour qui ? Pourquoi ?

Des paysages variés et d'une folle séduction qui raviront les amoureux de nature, une richesse culturelle qui se renouvelle à chaque étape, des plages pour les amateurs de farniente et surtout cette douceur de vivre inimitable…

Inoubliable…

▶ *Descendre les gorges de l'Ardèche en kayak.*

▶ *Se plonger dans l'ambiance d'une feria en Camargue.*

▶ *Se balader dans les plus beaux villages de France dans le Luberon.*

▶ *Prendre un bain de soleil sur la Croisette de Cannes.*

France
Routes de Provence et perles de la Côte d'Azur

Quelle plus belle rime pour Provence que… vacances. Certainement pas un hasard, tant le mot illustre bien la région. Ici la route est un enchaînement d'épisodes si variés que c'en est presque absurde : marais de Camargue, montagnes des Alpilles, vignobles du Luberon, crêtes des calanques ou plages de la Riviera, à chaque jour son décor, ses effluves et ses joies ! Et dans les villes, on goûte aux plaisirs de la table jusqu'à satiété, mais sans se presser, devant une ruine romaine ou une église baroque, avant une balade le long de la Méditerranée. Cigales et lavande, et ce, sous le soleil le plus chaleureux, le plus accueillant qui soit !

Ménerbes, Luberon

Calanques, Cassis

Pont d'Arc, gorges de l'Ardèche

Arènes de Nîmes

Itinéraire

Jour 1

Avignon

La Cité des papes fut le siège de la chrétienté d'Occident durant tout le XIVe siècle. Son joyau, le Palais des papes, est le plus grand ensemble architectural gothique au monde et un monument d'harmonie esthétique. Depuis les arches du célèbre pont, on admire les flots paisibles du Rhône avant d'aller goûter à une daube de mouton sur la place Pie.

Jour 2

Gorges de l'Ardèche – Nîmes

Ce canyon de près de 30 km de long serpente entre un plateau calcaire érodé. À partir de l'arche naturelle de Pont d'Arc, on descend les gorges en canoë-kayak au pied des falaises vertigineuses avant d'arriver à la boucle du cirque de la Madeleine. C'est à Nîmes, ville romaine aux vestiges prestigieux, qu'on savoure la fin de journée devant la Maison Carrée ou dans une feria traditionnelle aux arènes.

Jour 3

La Camargue

Un vent de liberté y flotte, échevelant le crin des chevaux sauvages ou plissant la surface des étangs aux reflets mauves. Ce « parc naturel » niché dans le deuxième plus grand delta de Méditerranée chérit aussi un riche patrimoine séculaire, qu'il s'agisse des corridas de taureaux aux Saintes-Maries-de-la-Mer ou des gardians qui guident leurs troupeaux le long des marais salants.

Jour 4

Alpilles – Saint-Rémy-de-Provence

Colonne vertébrale de la région, le massif des Alpilles déploie ses flancs sous le mistral qui arrose les Baux-de-Provence en généreuses bourrasques. Ce village, ancien domaine féodal et objet d'incessantes convoitises, relate dans ses vieilles pierres toute l'histoire de la Provence. En suivant les oliveraies et les vignobles, on arrive à Saint-Rémy-de-Provence pour y voir la maison natale de Nostradamus ou les ruines romaines du site de Glanum.

Église des Saintes-Maries-de-la-Mer

Le pèlerinage des Saintes-Maries-de-la-Mer

Chaque année, les 24 et 25 mai, la « capitale » de la Camargue voit affluer plus de 10 000 Roms et gens du voyage venus de toute l'Europe. Ils viennent rendre hommage à leur patronne, sainte Sara, au cours d'un pèlerinage marqué par des processions, prières, messes et ablutions. Sara la noire, ou encore Sara e Kali en romani, fut dans la tradition chrétienne la servante des trois saintes Marie – Salomé, Madeleine et Jacobé – qui auraient quitté la Terre sainte après la crucifixion du Christ pour se rendre sur les rives de Provence. Depuis plusieurs siècles, les habitants de Camargue ont aussi pour tradition une procession à la mer en souvenir des trois Marie. Aujourd'hui, le pèlerinage s'accompagne de danses folkloriques, de courses de taureaux et de jeux de gardians.

Casino, Monte Carlo

Calissons d'Aix

Abbaye de Sénanque

Gorges de l'Ardèche — **FRANCE** — **ITALIE** — Gênes
Avignon
Nîmes — Alpilles — Parc régional du Luberon
Montpellier
Aix-en-Provence — Nice — **MONACO**
La Camargue — Grasse
Marseille — Antibes
Cannes
Calanques de Cassis — Toulon — Saint-Tropez
Mer Méditerranée

Jour 5

Parc régional du Luberon

Un coup de cœur, assurément. Le Luberon vaut d'être vu pour sa myriade de villages ocre, souvent classés parmi les plus beaux de France, dont jaillit toujours un vieux clocher comme à Oppède le Vieux, Ménerbes ou Bonnieux. Plus loin, noyée sous la mer violette d'un champ de lavande, la vénérable abbaye cistercienne de Sénanque monte la garde sur la région et ses gorges et vallons, à sillonner à cheval, à pied ou en quad.

Jour 6

Aix-en-Provence

Il est partout, ce tissu provençal traditionnel jaune et bleu, comme un blason officieux du pays des mas et des cigales : sur les sachets de lavande ou sur les nappes des restaurants du cours Mirabeau, cœur vibrant et plein de la charme d'Aix. On s'aventure ensuite vers la montagne Saint-Victoire, terre des aigles et des marcheurs, pour embrasser du regard toute la Provence comme Cézanne en son temps.

Jour 7

Calanques de Cassis

De Cassis, on s'offre une excursion vers les calanques en longeant les falaises de Soubeyranes et le Cap Canaille. Les roches immaculées contrastent avec le bleu éclatant des langues de mer qui s'engouffrent dans ces vallons naturels, emblématiques du paysage méditerranéen français.

Jours 8 et 9

La Riviera (Saint-Tropez – Antibes – Cannes)

Entre Saint-Tropez et Cannes défilent les hauts lieux de l'élégance à la française : plages majestueuses, petits ports

Route entre Nice et Monaco

colorés et bruissant d'animation. C'est le repère favori du jet-set qui parade à bord des plus beaux yachts de la planète. Enfoncez-vous dans les ruelles fraîches pour débusquer de l'artisanat local ou remplir vos paniers au marché provençal du cours Masséna d'Antibes.

Jours 10 et 11

Nice – Grasse

La courbe de la Promenade des Anglais est la plus douce qui soit, à l'image d'un climat qui rime avec soleil et ciel azur à longueur d'année. Mais le vrai Nice se cache dans la vieille ville et ses ruelles étroites aux murs constellés de volets bleus ou verts. C'est l'endroit rêvé pour goûter aux spécialités ou visiter les nombreuses églises baroques. À Grasse,

on perce les mystères d'un art bien français, celui de la parfumerie traditionnelle, de la cueillette à la mise en flacon.

Jour 12

Monaco

Voitures de luxe, palaces Belle Époque et boutiques chics composent le décor de Monte-Carlo. Agrippé à son rocher, le Musée océanographique abrite d'inestimables collections d'objets sur le monde marin, en plus de 6 000 spécimens de poissons. Enfin, on plonge dans un rêve en jetant les dés au pompeux casino, temple du *glamour*.

La France
à la carte

République française

Capitale Paris

Langue officielle Français

Religion Catholicisme (60% de la population)

Une tradition Prendre le pastis à l'apéritif, en fin de journée, est un sacro-saint moment de détente dans le quotidien provençal.

Un plat Les calissons, spécialité d'Aix-en-Provence, sont des confiseries à base de pâte de melon ou autre fruit confit, mélangée à de la pâte d'amandes, aromatisée à la fleur d'oranger et recouverte d'un fin glaçage blanc.

Une personnalité Marcel Pagnol, écrivain et cinéaste, qui chante à travers son œuvre les gens et paysages de sa Provence natale.

Road trip

▶ **Quand y aller ?**
Le climat californien est l'un des plus agréables au monde, avec un ensoleillement maximal. On préférera tout de même la fin de l'été, plus doux et moins accablant dans les terres. C'est aussi la période où les manifestations culturelles sont les plus nombreuses, et celle des vendanges dans la Napa Valley !

Route 1, Big Sur

Road trip

▶ **13 jours**

▶ De **Los Angeles**
  à **Yosemite**

....

**Pour qui ?
Pourquoi ?**

Pour les voyageurs amateurs de soleil, de vin et de nature généreuse. Pour les curieux de l'art aussi : entre son patrimoine historique et sa scène contemporaine, la Californie regorge de talents passés ou présents à découvrir.

....

Inoubliable...

▶ *Croquer dans un* crab cake *sur le Santa Monica Pier au coucher du soleil.*

▶ *Remonter la route 1 à Big Sur pour admirer une nature brute et poétique.*

▶ *Visiter les galeries d'art à SoMa, quartier branché et éclectique de San Francisco.*

▶ *Séjourner dans un* lodge *luxueux au cœur des vignobles de la Napa Valley.*

États-Unis
California dream

La Californie, un nom devenu mythe qui évoque d'emblée le plus beau des longs-métrages en Technicolor. Son scénario est dédié à la liberté le temps d'une fugue sur la route, cette fameuse route 1, peut-être l'une des plus belles au monde... Sous le soleil exactement, entre un après-midi de surf et la découverte des vieilles missions espagnoles, la Californie exerce son pouvoir d'attraction inimitable. Découvrez aussi le long de votre *road trip* une variété insoupçonnée de trésors naturels : côtes sauvages, vallées tapissées de cépages illustres, montagnes et canyons... De Los Angeles, ville-monde par excellence, aux panoramas du parc de Yosemite, en passant par Santa Barbara et San Francisco, la Californie ne laisse aucun répit aux sens, et le clap de fin résonnera toujours trop tôt...

Lombard Street, San Francisco

Napa Valley

Itinéraire

Jours 1 à 3

Los Angeles

La ville des Anges, perpétuellement surexposée sous le soleil californien. Des corps parfaits qui paradent sur Venice Beach aux stars qui magasinent à West Hollywood, l'image de soi triomphe dans cette mégalopole tentaculaire. On cherche les mythes du grand écran devant le Chinese Theatre (TCL Chinese Theatre) ou dans les rues de l'hédoniste Santa Monica, bordées de boutiques chics et de restaurants à la mode. Pour les adeptes d'un esprit sain dans un corps sain, Los Angeles est aussi un hommage vibrant à l'art sous ses formes, des tableaux du Titien au musée Getty et jusqu'aux sculptures futuristes du MOCA.

Jour 4

Santa Barbara

Entre terre et mer, Santa Barbara est depuis longtemps surnommée la « Riviera américaine » pour son splendide littoral, son opulente population et ses bâtiments hispanisants coiffés de tuiles rouges. La mission, fondée en 1786, surprend par ses jardins luxuriants de palmiers et de roseraies, tout comme l'élégante chapelle principale aux lumières feutrées. Et pour savourer l'atmosphère on ne peut plus relax de la ville, direction l'une des nombreuses plages en fin de journée. À moins que vous ne préfériez un restaurant de fruits de mer à la Marina, sur fond de coucher de soleil romantique.

Jour 5

Big Sur

C'est un mythe en soi, la dernière frontière américaine aux abords de l'océan Pacifique. Big Sur, la « terre du grand Sud », s'articule à l'ouest des monts Santa Lucia et plonge dans les flots le long d'un littoral déchiqueté fait de parcs naturels comme Andrew Molera et Garrapata. La sauvagerie de ces paysages inachevés et nimbés de lumière dorée le soir venu forme un tableau saisissant qui inspira les plus fameux artistes américains comme Kerouac et Thompson.

Road trip

Santa Monica Pier

Parc national de Yosemite

Los Angeles

Le festival de musique et des arts de Coachella

Inauguré en 1999 dans la tradition de Woodstock à la fin des années 1960, c'est désormais l'un des festivals de musique les plus réputés au monde qui se tient à Coachella, petite ville résidentielle à l'est de Los Angeles. Durant deux week-ends entiers du mois d'avril, une centaine d'artistes pop, électro, rock ou indépendants, stars mondiales ou révélations, se partagent les huit scènes du festival. En marge de celui-ci se tient aussi une foire artistique dédiée aux arts visuels, à la sculpture et aux performances interactives qui offre une vitrine inégalée aux jeunes artistes émergents. Dynamique et foisonnant à l'image de la Californie, Coachella marque chaque année le début de la saison estivale.

Road trip

OREGON

ÉTATS-UNIS

NEVADA

CALIFORNIE

Reno

Napa Valley

Sacramento

San Francisco

Parc national de Yosemite

Monterey

Big Sur

Santa Barbara

Los Angeles

Océan Pacifique

San Diego

MEXIQUE

Jour 6

Monterey

Monterey est peut-être la plus intimiste des Belles de Californie, ce qui ajoute à son charme provincial. Les influences mexicaines et hispano-coloniales se lisent à chaque coin de rue, et ce n'est qu'à l'orée du port que les effluves iodés changent l'atmosphère. La ville abrite aussi un parc aquatique mondialement connu, où des centaines d'espèces marines valsent dans d'immenses aquariums. Retour au soleil sur l'un des sentiers du Point Lobos Ranch, un splendide parc naturel qui abonde en faune et flore.

Santa Barbara

Jours 7 à 9

San Francisco

À la fois décor de polar à deux sous et arche de Noé architecturale, San Francisco se découvre nez en l'air et carte en main, à la recherche d'un restaurant confidentiel dans le deuxième plus grand Chinatown du monde ou à Telegraph Hill. Sautez dans un *cable car*, paressez sur le gazon du Musée des beaux-arts, ou descendez la fameuse Lombard Street, sorte de montagnes russes asphaltées. Plus loin, sagement alignées en rang d'oignons, d'adorables demeures victoriennes continuent de disputer le règne du Golden Gate Bridge sur les cartes postales de la ville. Entre sophistication et contre-culture, *Fog City* sait séduire comme nulle autre !

Jours 10 et 11

Napa Valley

Prenez la route vers la glorieuse Napa Valley, renommée pour ses paysages vallonnés et ses *lodges* aux spas luxueux. Alanguie sur plus de 55 km, cet Éden vinicole est semé de crus d'exception : pinot, merlot, zinfandel et chardonnay.

Yountville, Rutherford et Calistoga sont les fiefs les plus courus de cette région devenue en quelques années la deuxième destination la plus populaire de Californie, attirant palais fins et amateurs d'art de vivre, avec un cachet on ne peut plus méditerranéen.

Jours 12 et 13

Parc national de Yosemite

Le parc national de Yosemite, niché dans la Sierra Nevada, s'étend sur quelque 3 000 km^2 et comprend une abondance de reliefs et de sentiers de randonnée sur lesquels les amateurs pourront mettre à l'épreuve leurs jambes !

Les vallées majestueuses côtoient des forêts de séquoias et d'imposantes façades de granit aux dimensions bibliques. On y trouve certains des sites naturels les plus impressionnants de tout le continent américain, comme le Half Dome, Glacier Point et Tuolumne Meadows.

Road trip

▶ **Quand y aller ?**
En septembre et octobre, pour la période des vendanges. C'est aussi la période où les pousadas s'ouvrent au public à l'occasion des Journées européennes du Patrimoine (aux alentours du 20 septembre).

▶ **8 jours**

▶ **De la vallée de Lima à Porto**

Vignobles de la région de Porto

Pour qui ? Pourquoi ?

Le Portugal peut changer totalement de visage en à peine quelques kilomètres : les amateurs d'art ou les œnologues en herbe friseront de la pupille ou du palais en dégustant ses trésors historiques et gustatifs.

Inoubliable...

▸ *Découvrir la nature du Minho à travers le parc national de Peneda-Gerês.*

▸ *Passer quelques nuits dans une pousada baroque.*

▸ *Faire une pause soleil sur les plages de la Costa Verde.*

▸ *Visiter les chais de porto à Vila Nova de Gaia.*

Portugal
Manoirs et grands vins

Longtemps serré sur la hanche de la puissante Espagne, le Portugal a conquis la côte Atlantique pour y construire ses richesses. Les puissantes dynasties qui ont éclos durant cet âge d'or ont enfanté un prodigieux héritage artistique : demeures aristocratiques ou édifices religieux qui doivent beaucoup au mécénat, le pays d'aujourd'hui est témoin de la prospérité d'hier. D'azulejos en châteaux manuélins, ce circuit vous transporte dans une terre de fierté, avec, entre deux bouchées de *pastéis de nata*, les paysages de collines chenues du Douro, maculés de vignobles qui n'ont pas à rougir de leurs confrères italiens ou français. Car le Portugal, on en a l'eau à la bouche.

Château de Guimarães

Sanctuaire du Bon Jésus, Braga

La Saint-Jean à Porto

Chaque année dans la nuit du 23 au 24 juin, Porto s'embrase pour célébrer l'un de ses protecteurs, saint Jean. L'origine en remonte au XVIe siècle, avant que l'Église catholique ne christianise ce qui était alors une fête païenne d'adoration du dieu soleil pour la saison des cueillettes. Si à l'époque on achetait et pendait des poireaux sur les murs de chaque maison, de nos jours, défilés colorés, bals populaires, lâcher de ballons d'air chaud et festins dans les rues ont pris le pas. En revanche, la tradition d'acheter des herbes aromatiques a perduré et les habitants de Porto continuent à se les lancer joyeusement à la figure ! Le porto coule à flots avant qu'un gigantesque feu d'artifice n'illumine la ville et le Douro. C'est l'une des fêtes les plus appréciées au Portugal pour son caractère spontané et historique.

beaux joyaux architecturaux. La cathédrale est un miracle de grâce avec ses tours aux clochers ajourés, et le Palácio do Raio est un parfait exemple de baroque portugais. Partez vers l'est pour aller admirer le sanctuaire du Bon Jésus, rococo en diable avec son escalier en terrasses. Du sommet, on écarquille les yeux pour apercevoir l'océan à l'horizon. Puis direction Guimarães, fief de la fierté nationale avec son château aux gros remparts où fut proclamé le royaume du Portugal.

Itinéraire

Jours 1 et 2

Vallée de Lima

La vallée de Lima se niche sur le front ouest du Minho, un vaste plateau couvert de bruyères qui évoque irrésistiblement les Highlands écossais. Les petites villes

qui égayent la campagne, comme Ponte de Lima, Ponte de Barca ou Arcos de Valdevez, sont réputées pour leurs centres historiques typiques lovés dans un écrin de verdure bucolique.

Jour 3

Braga – Guimarães

Opulente et bourgeoise, la vieille dame du Portugal s'est toujours parée des plus

Jours 4 et 5

Région de Mogofores

La route de Guimarães à Mogofores est constellée de manoirs qui virent les riches heures de la noblesse portugaise du XVIe au XIXe siècle avant de se convertir en de

Ponte de Lima, vallée de Lima

Université de Coimbra

Parc national de Peneda-Gerês

luxueuses maisons d'hôtes. Aujourd'hui, ces propriétés, comme la Casa de Sezim, la Pousada Santa Marinha ou la Casa de Mogofores, ont su non seulement conserver leurs somptueux décors d'azujelos et leur mobilier délicat, mais aussi devenir des étapes idéales pour savourer les meilleurs vins du pays : Bairrada, Oeste ou Bucelas vous feront découvrir un Portugal aux saveurs parfumées.

Jour 6

Coimbra

C'est la ville la plus lettrée du pays, riche d'une université dont le rayonnement éclaira toute l'Europe dès le Moyen Âge, avec une bibliothèque qui compta jusqu'à un million d'ouvrages. Aujourd'hui on flâne dans les rues tranquilles entre façades

Le parc national de Peneda-Gerês

Seul parc national de tout le Portugal, le parc de Peneda-Gerês couvre 72 000 hectares dans la partie nord du pays, en bordure de l'Espagne. Les amateurs de randonnée pédestre y trouveront une multitude de sentiers, allant de quelques kilomètres à de longues randonnées nécessitant plusieurs journées de marche. Les paysages, surtout montagneux, sont de toute beauté, et il n'est pas rare de rencontrer des chèvres de montagne, des aigles et même des chevaux sauvages. Plusieurs lacs naturels ont également été équipés d'installations permettant de pratiquer diverses activités telles que la baignade, la pêche, le pédalo ou la navigation. Ce parc créé en 1971 abrite en outre divers sites archéologiques, celtiques et romains pour la plupart. Enfin, plusieurs spas s'y trouvent.

Porto

nobles, *pousadas* restaurées et arches gothiques.

Jours 7 et 8

Porto

Dominant toute la vallée du Douro, Porto déploie ses édifices historiques sur les rives du fleuve. En contrebas, les barques chamarrées se balancent sous le poids des tonneaux qui rappellent une tradition séculaire. Évidemment, on cèdera à l'appel des dégustations de porto dans les chais de Vila Nova de Gaia, en face de Porto, avant de se repentir du péché de gourmandise à la Sé, la cathédrale dont le cloître couvert d'azulejos est une merveille.

ESPAGNE
Vigo
Vallée de Lima
Braga
Guimarães
Océan Atlantique
Porto
Région de
Mogofores
Coimbra
Cáceres
PORTUGAL
Badajoz
Lisbonne

Le Portugal
à la carte

République portugaise

Capitale Lisbonne

Langue officielle Portugais

Religion Catholicisme

Étiquette Si sel et poivre ne sont pas sur la table, ne pas les demander au risque de froisser votre hôte. C'est aussi valable pour tous les autres condiments.

Un plat Les *pastéis de nata*, petits flans à la crème saupoudrés de cannelle, servis tièdes.

Une personnalité Fernando Pessoa, poète et polémiste, qui fut l'un des chantres du modernisme au Portugal dès les années 1910.

Road trip

Road trip

▶ **Quand y aller ?**
*D'octobre à décembre,
période qui suit la saison
des pluies. La nature est
alors resplendissante de
couleurs : fleurs, fruits,
forêt tropicale… c'est la
luxuriance à l'état pur.*

Cirque de Cilaos

▶ **6 jours**

▶ De **Saint-Denis**
à **Saint-Paul**

Pour qui ?
Pourquoi ?

Un road trip *est idéal pour cette
destination dont les terres
intérieures requièrent un peu
d'audace et d'esprit d'aventure.
Sportifs et amateurs de nature
seront conquis par les multiples
activités qu'on trouve sur l'île.*

Inoubliable…

▷ *Visiter les cases traditionnelles
créoles au village de l'Entre-Deux.*

▷ *Goûter aux bonbons piments dans
les marchés de Saint-Pierre ou
Saint-Paul.*

▷ *Admirer le panorama sur Cilaos
depuis la Roche Merveilleuse.*

▷ *Survoler l'île en ULM.*

La Réunion
Réunion essentielle

On pourrait croire qu'elle s'est mise à l'écart du monde,
au cœur de l'océan Indien, pour n'avoir à partager ses
richesses qu'avec elle-même. Pourtant La Réunion
est une corne d'abondance qui ruisselle de couleurs et de
musiques, des chants tamouls aux récitals des oiseaux dans
les jardins paradisiaques qui couvrent l'île. Savourer un curry
audacieusement fruité, faire une pause hamac dans une villa
créole ou grimper les Pitons avec pour seul but les nuages, on ne
sait même plus où donner des yeux et du sourire pour répondre
à tous ceux qui sont offerts par les résidents.

Saint-Denis

Saint-Paul • Cirque de Salazie • St-Benoit • Hell-Bourg • Piton Maïdo • Plaine des Cafres • Cirque de Cilaos • Piton de la Fournaise • Saint-Pierre • St-Joseph

Océan Indien

LA RÉUNION
(FRANCE)

Les hindous de La Réunion

Aux quatre coins de l'île, on peut voir des temples hindous typiques de l'architecture dravidienne, très ornementée et colorée. Ce sont les témoignages contemporains d'une population arrivée d'Inde au cours du XIXᵉ siècle, et notamment du comptoir français de Pondichéry, afin de fournir une main-d'œuvre liée par contrat pour les plantations de canne à sucre, dont celle de la célèbre Madame Desbassayns. Si les conditions de vie de ces «engagés», comme on les appelait, étaient particulièrement pénibles, une relative liberté de culte leur permettait d'édifier de petites chapelles hindoues. À l'abolition de l'engagisme, en 1882, une frange de la population indienne déjà installée se lança dans le commerce et s'embourgeoisa. Un siècle plus tard, les communautés prospères de commerçants hindous ont permis d'édifier les *coïlous*, grands temples tamouls qu'on trouve à Saint-Denis, Saint-Pierre ou Saint-Paul et symboles d'une union culturelle réussie.

Itinéraire

Jour 1
Saint-Denis

À peine arrivé, on plonge déjà dans le multiculturalisme cher à La Réunion. Temples tamouls, rythmes du *sega* et marchés de produits frais, rien ne manque au carnaval des sens. Visite obligatoire à la brasserie Dodo pour se désaltérer d'une bière locale et promenade dans la rue de Paris, où les palmiers font de l'ombre aux colonnades néoclassiques.

Jour 2
Cirque de Salazie – Hell-Bourg

Salazie semble coupé du monde avec ses murailles naturelles couvertes de jungle que quadrillent les impressionnantes cascades du Voile de la Mariée. À Hell-Bourg, ancien village thermal, villas bourgeoises et écotourisme sont mis à l'honneur dans un cadre 100% créole et inondé de couleurs.

Jour 3
Plaine des Cafres – Piton de la Fournaise – Saint-Pierre

Direction le sud-est à travers le décor serein de la plaine des Cafres, sorte de Suisse tropicale où les vaches paissent sur fond de mer de nuages. Les points de vue ne manquent pas avant d'atteindre le piton de la Fournaise, l'un des seigneurs volcaniques de l'île. Éruption ou pas, le paysage lunaire qui l'entoure appelle immanquablement à un trek. Descente sur Saint-Pierre, la capitale du sud.

Jour 4
La côte sud-est

Les villages qui se succèdent entre Saint-Joseph et Saint-Benoît sont restés authentiques. Falaises, plages sauvages ou jardin des parfums et des épices à Saint-Philippe, le paysage varie sans cesse.

Jour 5
Cirque de Cilaos

La seule route qui mène à Cilaos a des airs de bout du monde, enserrée entre les crêtes et dominée par le piton des Neiges. On fait les plus belles balades au point de vue de la Roche Merveilleuse ou en suivant la route d'Îlet à Cordes.

Jour 6
Piton Maïdo – Cirque de Mafate – Côte ouest

Départ au petit matin pour admirer le panorama depuis le piton Maïdo sur le cirque de Mafate, qu'on atteint seulement à pied ou en hélicoptère. Retour sur la côte ouest avec la visite du Jardin d'Éden à L'Ermitage-les-Bains, un parc riche de 700 espèces végétales, avant d'atteindre Saint-Paul.

La Réunion à la carte

Département français d'outre-mer de La Réunion

Chef-lieu Saint-Denis

Langue officielle Français (**langue régionale:** créole réunionnais)

Religions Christianisme, hindouisme

Une tradition Les Jacquot Malabar sont des hindous déguisés en dieu-singe Hanuman, couverts de peinture. Ils dansent dans les rues de leur quartier en faisant l'aumône.

Un plat Le civet de zourites, petits poulpes cuits en ragoût avec du vin rouge et garnis d'aromates (persil, thym, girofle...).

Une personnalité Surya Bonaly, patineuse artistique et triple médaillée aux championnats du monde.

Road trip

Aux îles Galápagos

En famille

Voyager avec ses proches pour créer des souvenirs inoubliables qu'on partagera longtemps.

En famille

> **Quand y aller ?**
> De novembre à mars pour admirer la nature la plus luxuriante du monde, profiter d'un maximum d'activités dans les parcs nationaux (canopées, tyroliennes, rafting…) et savourer le soleil à la plage.

Paresseux

▶ **12 jours**

▶ De **San José** à **Alajuela**

Pour qui ? Pourquoi ?

Le Costa Rica est tout particulièrement indiqué pour les familles, même avec enfants en bas âge, pour la profusion d'activités ludiques ou éducatives qu'on peut y pratiquer. De plus, la qualité des infrastructures (hôtels, sites) figure parmi les meilleures de toutes les Amériques.

Inoubliable…

▸ *Oser le safari aux crocodiles à Tortuguero.*
▸ *« Déguster » le tour du cacao à Sarapiquí.*
▸ *Se délasser dans les sources chaudes d'Ecotermales.*
▸ *S'élancer sur la tyrolienne version « tropiques » à Selvatura.*

Costa Rica
Dame Nature racontée aux enfants

On l'aime d'emblée, ce Costa Rica : pour sa joie de vivre – la fameuse *pura vida*, son pacte de paix avec la nature, ses paysages éclectiques. Mais ce n'est qu'un début, car l'aventure est à chaque détour de la « côte riche », arche de Noé nichée entre deux océans. Observer de près les crocodiles, se jeter à pleins poumons dans des forêts exubérantes, apprendre l'histoire du chocolat, étrenner sa première planche de surf… les éclats de rire et les sensations fortes semblent inévitables. Bienvenue au pays où la nature est une grande récréation !

Passerelle, Selvatura

Parc national Manuel Antonio

Itinéraire

Jour 1

San José - Parc national Braulio Carrillo

On quitte vite la capitale à travers les plantations de bananes et de café pour rallier le luxuriant parc Braulio Carrillo, où sont tapis ocelots, pumas et coyotes. À l'arrivée, navigation en pirogue motorisée façon Robinson de la jungle jusqu'à un écogîte tout en bois exotique.

Jour 2

Parc national Tortuguero

Tortuguero, c'est le royaume de l'eau, entre canaux et lagunes paisibles qui lui valent le surnom d'Amazonie du Costa Rica. Un réseau inextricable à découvrir en bateau avec un guide naturaliste le temps d'un safari aux crocos, caïmans et autre faune exotique à faire se pâmer le plus beau des zoos ! Avec un peu de chance, vous verrez même les tortues pondre sur les plages non loin de là.

Jours 3 et 4

Sarapiquí - Tour du cacao

Vos papilles en salivent déjà. Rendez-vous à la plantation de cacao pour découvrir tout le processus de fabrication du chocolat, depuis la cueillette de la fève ainsi que ses multiples usages jusqu'à la boisson. On n'a pas encore trouvé d'atelier culinaire aussi amusant, et votre visite profitera de surcroît à une association écologique locale. En soirée, exploration de la forêt pour observer la vie qui s'éveille dès que la lune surgit.

Jour 5

Parc du volcan Arenal

On atteint la région de La Fortuna avec ses fameuses cascades, et au cœur de laquelle trône le cône parfait du volcan Arenal. Endormi depuis 2010, il est entouré d'un vaste parc où nichent coatis, quetzals, tapirs et jaguars, et se reflète majestueusement dans une lagune artificielle qui fait le bonheur des véliplanchistes.

En famille

NICARAGUA

Mer des Caraïbes

COSTA RICA

Parc du volcan Arenal
Sarapiquí
Parc national Tortuguero
Selvatura
Monteverde
Parc national Braulio Carrillo
Alajuela
Parc national Carara
San José
Océan Pacifique
Parc national Manuel Antonio
Dominical

Tapir, parc national du Corcovado

Le parc national du Corcovado

Sur la péninsule d'Osa, à l'extrême sud-ouest du Costa Rica, le parc national du Corcovado est le plus grand du pays. Pour son abondance naturelle, le *National Geographic* en a officiellement fait le « lieu le plus riche en termes de biodiversité sur Terre ». On y reconnaît notamment 13 types distincts de végétation, allant de la forêt de montagne à la mangrove herbacée, le tout sur moins de 450 km². Avec 6 000 espèces d'insectes, 135 espèces de mammifères et 120 espèces d'amphibiens prospérant parmi 500 essences ligneuses et plantes, Corcovado est une mine d'or pour les naturalistes. Si les « touristes » seront moins à l'aise sur les sentiers du parc que le randonneur aguerri, il ne fait pas de doute qu'une découverte du parc se révélera inoubliable.

Ecotermales

Jour 6

Canopée d'Arenal

À la manière des capucins qui abondent dans la région, jetez-vous d'un arbre à l'autre (mais bien attaché, soyez sans crainte !) pour admirer la forêt primaire dans toute sa splendeur et surtout jouir d'un point de vue inégalable sur le volcan Arenal. Après une randonnée sur un sentier de cendres volcaniques, pause thalasso bien méritée à Ecotermales, où gargouillent d'agréables sources d'eau chaude. Ces jacuzzis naturels sont un vrai havre de paix protégé du tourisme de masse.

Jour 7

Monteverde

Fer de lance de l'écotourisme au Costa Rica, Monteverde est avant tout célèbre pour sa forêt de nuages tropicale, au-dessus de laquelle semblent flotter les sommets des collines. La corne d'abondance de Dame Nature semble s'être déversée dans la région, avec une faune et une flore simplement prodigieuses : des orchidées fuchsia aux grenouilles dorées, tout le spectre des couleurs y est représenté !

Jour 8

Selvatura

Le pays de l'aventure ! On débute en douceur par une visite à la serre à papillons qui recense la plupart des espèces du pays, puis on admire la plus grande collection d'insectes au monde : phasmes, araignées et scarabées aux reflets irisés. Ensuite, direction vers la tyrolienne, pour faire encore comme Tarzan. Puisqu'on ne s'en lasse pas, frissons garantis ! Clou du spectacle : découvrir ce monde vert sur les hauteurs à travers un réseau de ponts suspendus et de plateformes.

Jour 9

Parc national Carara

Petit en superficie mais immense par sa biodiversité – l'une des plus riches

Parc du volcan Arenal

de la planète –, Carara est notamment le refuge des aras bariolés qui ne se lassent pas de faire des allées et venues entre la forêt et la mangrove voisine. Et l'on se demande si dans ce pays, chaque espèce n'aurait pas son propre parc national ?

Jours 10 et 11

Parc national Manuel Antonio – Dominical

À chaque regard apparaît un nouveau décor : voici le parc Manuel Antonio, où se succèdent plages, mangroves et jungle tropicale dans une ambiance de paradis perdu. La faune n'est pas en reste avec ses colonies de paresseux, toucans et singes hurleurs qui montent la garde sur les cocotiers. À Dominical,

on se réjouit des beaux rouleaux du Pacifique pour peaufiner son entraînement au surf !

Jour 12

Alajuela

Quittons les sublimes parcs nationaux costariciens pour rallier Alajuela par une jolie route de montagne qui traverse les villages colorés d'Orotina et San Mateo. Alajuela, capitale mondiale de la mangue, est le centre économique du pays et s'orne de nombreux marchés typiques.

Le Costa Rica
à la carte

République du Costa Rica

Capitale San José

Langue officielle Espagnol

Religion Catholicisme

Étiquette Laissez la nature intacte quand vous la visitez : les parcs nationaux et réserves naturelles constituent la fierté du pays.

Un plat Les *tamales*, petits rouleaux à base de farine de maïs, fourrés de viande et de légumes et cuits dans une feuille de bananier.

Une personnalité Juan Santamaría, héros national qui vécut au XIXe siècle et se sacrifia pour repousser les mercenaires de William Walker, un Américain aux visées impérialistes.

En famille

Marché de Noël, Vienne

En famille

▶ **11 jours**

▶ De **Vienne** à **Ratisbonne**

Pour qui ? Pourquoi ?

Au-delà du patrimoine inestimable qu'offrent ces deux destinations, leur dynamisme et leur sens de l'accueil sont toujours plébiscités. Un voyage entre découvertes culturelles, sports d'hiver et chaleur humaine.

Inoubliable...

▹ *Faire une escapade au Prater de Vienne, l'un des plus beaux parcs d'attractions d'Europe.*

▹ *Dénicher un adorable jouet ancien en bois sur les étals de Salzbourg.*

▹ *Initier ses enfants au ski alpin sur les pistes d'Innsbruck.*

▹ *Prendre part à une croisière sur le Danube depuis Ratisbonne, avec authentique souper bavarois.*

Autriche et Allemagne
Magie des marchés de Noël

On sait bien que les parents restent d'éternels « grands enfants »... et ce n'est pas ce voyage qui les fera grandir ! De Vienne à Ratisbonne, on se couvre chaudement, sucre d'orge à la main, pour découvrir les plus beaux marchés de l'Avent : le parfum des marrons chauds, les carillons mélodieux des clochers et des chorales improvisées en plein air, la douceur des premiers flocons... Le temps de quelques semaines, décors splendides et cascades de lumière investissent le cœur des vieilles villes historiques dans l'esprit de fête et de chaleur humaine typiques de Noël.

Pères Noël en pain d'épice

Marché de Noël, Munich

Saint-Nicolas et le père Noël, les faux frères

Personnage historique du IVe siècle apr. J.-C. et célébré pour sa générosité légendaire, Saint-Nicolas, fêté depuis 800 ans le 6 décembre, est l'une des figures les plus appréciées du calendrier grégorien. En costume d'évêque et coiffé d'une mitre, il apportait friandises et cadeaux aux enfants sages, jusqu'à la Réforme protestante du XVIe siècle, qui tenta d'abolir cette tradition. Mais les Hollandais l'exportèrent outre-Atlantique, où elle devint de plus en plus populaire, au point qu'un pasteur américain se réappropria Saint-Nicolas dans une série de contes en lui retirant ses attributs religieux. Le père Noël, vieil homme barbu en habit rouge avec sa hotte remplie de jouets, était né. Ce fut enfin l'illustrateur Thomas Nast qui démocratisa le nouvel avatar de Saint-Nicolas dans la presse, avant que la firme Coca-Cola n'en fasse un objet publicitaire à travers le monde. Voilà pourquoi on trouve aujourd'hui, de Munich à Vienne, les images confondues du père Noël et de son illustre inspirateur épiscopal.

Itinéraire

Jours 1 à 3

Vienne

Les étoiles sont descendues dans la ville : elles illuminent les façades du Ring et font écho aux chandelles des attelages chamarrés, de la Hofburg jusqu'à la Rathausplatz, où se tient le plus beau des 12 marchés de Noël, chacun offrant une ambiance différente. Et pour se réchauffer tout en se faisant plaisir, direction les fameux cafés viennois ou un gros gâteau à la pâtisserie Demel !

Jours 4 et 5

Salzbourg

La ville de Mozart, avec ses innombrables clochers et bulbes coiffés de givre, devient en hiver un véritable royaume des glaces. Allez saluer le petit Jésus dans le monde qui lui est dédié sur la Domplatz, entre les effluves de vin chaud et de cannelle, avant d'assister au fameux concert de trompettes « Turmblasen ».

Jours 6 et 7

Innsbruck

Théâtres de poupées et de marionnettes, crèches sculptées et édifices rococo plantent le décor sur fond d'alpages majestueux : la magie est totale à Innsbruck, capitale autrichienne des sports d'hiver.

En famille

Château Favorite, Ludwigsburg

Ratisbonne

Prater, Vienne

En famille

POLOGNE

ALLEMAGNE

Dresde

Cologne

Francfort

Nuremberg

RÉPUBLIQUE
TCHÈQUE

PAYS-BAS

BELGIQUE

LUXEMBOURG

Ratisbonne

Ludwigsburg

Vienne

SLOVAQUIE

FRANCE

Munich

Salzbourg

HONGRIE

Innsbruck

AUTRICHE

SUISSE

SLOVÉNIE

ITALIE

Jours 8 et 9
Munich

Le marché de la Marienplatz est sûrement l'un des plus somptueux qui soient, avec son sapin de 30 m illuminé de 2 500 bougies. Entre deux dégustations de pain d'épices, on file visiter les monuments semés à travers la vieille ville et surtout le KinderReich, le royaume des enfants qui leur est spécialement dédié.

Jour 10
Ludwigsburg

Hors des circuits classiques, Ludwigsburg mérite le détour pour son architecture de conte de fées : pavillons

Salzbourg

baroques et vieilles maisons à colombages vous amèneront dans un univers digne des frères Grimm. Immanquable : faire un tour de grande roue en famille pour voir de haut ce décor enchanteur.

Jour 11

Ratisbonne

Ratisbonne la médiévale abonde en découvertes délicieuses avec sa gastronomie typique. Au château de Thurn und Taxis, Noël se fait romantique et artisanal au fil des kiosques. Et quoi de mieux que la chorale « des moineaux » (vous comprendrez vite) pour se plonger davantage dans l'atmosphère des fêtes !

L'Autriche
à la carte

République d'Autriche

Capitale Vienne

Langue officielle Allemand

Religion Catholicisme

Une tradition Le bal du Nouvel An est l'événement le plus couru de la société viennoise, et rappelle les fastes de la cour des Habsbourg. On peut tenter d'y participer par le biais d'une loterie internationale.

Un plat L'*Apfelstrudel* est un gâteau à pâte feuilletée à base de pommes, raisins secs et cannelle.

Une personnalité Maria von Trapp, héroïne de *La Mélodie du bonheur*, fut une authentique gouvernante et chanteuse que le destin mena des alpages autrichiens aux salles de spectacle américaines.

L'Allemagne
à la carte

République fédérale d'Allemagne

Capitale Berlin

Langue officielle Allemand

Religions Protestantisme, catholicisme

Étiquette Arriver en retard reflète un manque de savoir-vivre en Allemagne ; soyez donc ponctuel si vous avez rendez-vous avec des guides ou chauffeurs pendant votre voyage.

Un plat Très populaires, les *rollmöpse* sont des filets de hareng marinés dans une sauce au vinaigre, sel, moutarde et vin blanc, et enroulés autour d'un petit oignon ou d'un cornichon.

Une personnalité Michael Schumacher, septuple champion du monde de Formule 1, a dominé le sport automobile dans les années 1990-2000.

En famille

En famille

Château de Kalmar

▶ **12 jours**

▶ De **Stockholm**
à **Norrköping**

Pour qui ?
Pourquoi ?

Nature et douceur de vivre, deux maîtres-mots en Suède. Cet itinéraire plaira aussi aux familles pour ses découvertes variées, ainsi que pour l'accueil chaleureux que l'on réserve aux enfants en Suède.

Inoubliable…

▶ *Remonter dans le temps jusqu'au Moyen Âge à Visby.*

▶ *Se balader à vélo autour des vieux moulins à vent de Lerkaka.*

▶ *Faire une croisière dans l'archipel de Stockholm, entre nature et ville.*

▶ *Prendre un fika, pause de l'après-midi, dans un café traditionnel.*

Suède
En route vers les îles suédoises

Le royaume des lutins et des oies sauvages porte l'hospitalité en bandoulière, à commencer par Stockholm, à l'âme si jeune et propice à une aventure urbaine toute en douceur. Avec des paysages d'une infinie variété, la nature suédoise sourit à ceux qui la découvrent, avec ses îles au folklore bien vivant, ses plages sereines et des plaines semées de forêts où subsiste le souvenir des Vikings. De Gotland à Öland, on parcourt des routes bordées de moulins, on navigue sur des eaux qui ont vu fleurir une culture paisible et accueillante, avec un intense sentiment de liberté.

La semaine médiévale de Visby

C'est l'événement de l'année à Visby, ville inscrite au patrimoine de l'UNESCO depuis 1995. Chaque mois d'août pendant une semaine, la ville replonge dans son passé prestigieux à travers un festival dédié au Moyen Âge : défilés, artisans locaux, cracheurs de feu, avec en point d'orgue des joutes reconstituant l'invasion du Gotland en 1361 par le roi danois Valdemar. Les habitants prennent alors un malin plaisir à revêtir les costumes de princesses, bouffons, soldats et chevaliers, et paradent dans les rues bordées de façades gothiques sur fond de musiques traditionnelles. De plus en plus populaire, cette fête attire désormais plus de 40 000 visiteurs par an.

Mer Baltique

Moulins de Lerkaka

Itinéraire

Jours 1 à 3
Stockholm

En plus de présenter une architecture variée à travers les monuments prestigieux de sa vieille ville de Gamla Stan, Stockholm, étalée sur 14 îles, abonde en découvertes : navigation dans les canaux, emplettes au marché traditionnel Hötorgshallen, vue saisissante d'un navire datant du XVIIᵉ siècle au musée Vasa pour s'imaginer pirate… à chaque moment sa surprise.

Jour 4
Visby

Départ pour l'île de Gotland et notamment Visby, qui porte son riche héritage médié-val à bout de bras. Celle qu'on appelle la « ville des roses et des ruines » possède un cachet unique avec ses églises, remparts et façades qui datent de l'époque hanséa-tique, et qui arborent fièrement pignons à échelons et toits à colombages.

Jours 5 à 8
Île de Gotland

En remontant vers le nord de l'île de Gotland, on s'aventure dans des paysages sauvages, comme les grottes calcaires hérissées de stalagmites à Lummelundagrottan, ou les côtes déchiquetées de l'île Fårö. Et, sur la plage, on serpente entre les *raukar*, ces rochers aux formes dantesques.

Les paysages changent drastiquement dans le sud de Gotland, depuis les ports de pêche jusqu'à la savane où cavalent les Gotland Russ, ces poneys rustiques que les enfants peuvent chevaucher dans les diffé-rents haras de la région.

Jours 9 à 11
Île d'Öland

Pays de nature, la longiligne Öland abrite aussi de nombreux vestiges datant de l'époque des Vikings, comme la forteresse reconstituée d'Eketorp ou les cercles de pierres levées de Gettlinge. On prend son temps pour visiter cette île paisible, sur la selle d'un vélo dans les villages ponctués de moulins comme Lerkaka, ou à pied le long des côtes.

Jour 12
Kalmar - Norrköping

Vision de conte de fées que celle du château de Kalmar, qui semble sortir tout droit d'un chapitre de Selma Lagerlöf. Posée au bord de l'eau, sa silhouette mêle remparts médiévaux et courbes roman-tiques. Enfin à Norrköping, on découvre la vie industrieuse des Suédois en arpentant le superbe musée du Travail.

La Suède à la carte

Royaume de Suède

Capitale Stockholm

Langue officielle Suédois

Religion Luthéranisme

Étiquette L'enfant est roi en Suède ! Si votre progéniture venait à être turbulente ou à exprimer son mécontentement, sachez qu'il est très mal vu de le réprimander en public.

Un plat Le *kanelbulle* est une pâtisserie roulée et fourrée d'une pâte d'épices à la cardamome.

Une personnalité Selma Lagerlöf, auteure du *Merveilleux voyage de Nils Holgersson à travers la Suède*, fut la première femme à recevoir le prix Nobel de littérature, en 1909.

En famille

▶ **5 jours**

▶ **De l'île Santa Cruz à l'île Santa Fe**

En famille

Pour qui ?
Pourquoi ?

Les îles Galápagos sont une vraie leçon de nature : les amateurs de faune et de flore y seront comblés. Mais les enfants seront aussi un public tout trouvé pour ce spectacle propice à l'émerveillement, qui les séduira en plus de les éduquer au respect de l'environnement.

Inoubliable...

▶ *Visiter l'archipel en catamaran.*

▶ *Randonner parmi les tunnels de lave de la Sierra Negra.*

▶ *Répondre au regard curieux d'un iguane.*

▶ *Nager avec les paisibles raies mantas de l'île Santa Fe.*

Galápagos
Mystères des îles enchantées

L es Galápagos n'ont pas été surnommées les « îles enchantées » sans raison ! Contemplez les paysages sculptés par la main d'un Créateur plein d'imagination, avec faune et flore endémiques exceptionnelles : iguanes de mer, tortues géantes, albatros, phoques, manchots et reptiles de toutes sortes vous attendent à chaque arrêt. Transporté des millions d'années en arrière, vous traverserez des sites déjà anciens alors que l'homme n'était même pas homme. Voilà un voyage bien plus vivant que n'importe quelle visite de muséum d'histoire naturelle, et pour les plus jeunes, c'est une vraie invitation à comprendre la nature !

Océan Pacifique

GALAPÁGOS
(ÉQUATEUR)

Île Santa Cruz

Île Isabela

Îlots Tintoreras

Île Floreana

Île Santa Fe

Îlot Champion

Les tortues géantes des Galápagos

Cette espèce de tortue endémique, subdivisée en neuf sous-espèces, est la reine-mère des Galápagos. On estime que sa population, avant l'arrivée des Espagnols dans l'archipel en 1535, s'élevait à 250 000 individus. Mais depuis, l'utilisation de sa chair tendre comme nourriture, le braconnage sauvage et l'introduction de la chèvre qui décima son habitat naturel ont fait en sorte qu'on n'en compte plus aujourd'hui que 10 000, et le repeuplement se fait lentement, sous la bienveillance de la fondation Charles Darwin. Ces animaux fascinants, qui peuvent peser jusqu'à 220 kg, ont une expérience de vie extrêmement longue en liberté; jusqu'à 150 ans, même si le plus vieux spécimen connu, *Lonesome George*, s'est éteint à la fondation en 2012 et sans descendance. Des mesures ont depuis été prises pour assurer la survie de la tortue des Galápagos, symbole de la lutte environnementale dans le monde entier.

arc de cercle : la couronne du Diable est un cône volcanique semi-immergé et surtout l'un des plus beaux spots de plongée des Galápagos, avec ses bancs de poissons bien ordonnés et autres tortues de mer, requins et lions de mer. À l'îlot Champion, observez les innombrables oiseaux marins en quête de menu fretin.

Jour 5
Île Santa Fe

Alternance de roches basaltiques vieilles de 4 millions d'années et de plages immaculées, Santa Fe offre de son sommet l'un des points de vue les plus spectaculaires sur l'ensemble des Galápagos. On trouve sur l'île quantité d'iguanes terrestres et des tortues de mer, alors que les eaux abondent en petits requins et raies.

Itinéraire

Jour 1
Île Santa Cruz

Baptisée en hommage à celui qui a propulsé les Galápagos sur la scène scientifique au XIXe siècle, la station Charles Darwin veille d'un œil de mère nourricière sur toute la faune de l'archipel. Après la visite de la station, constatez la richesse botanique des Galápagos grâce à une promenade vers les Gemelos, deux dépressions naturelles qui évoquent les empreintes de dinosaures titanesques.

Jours 2 et 3
Île Isabela et îlots Tintoreras

Isabela est l'île la plus vaste des Galápagos et s'apparente, par la variété de ses reliefs et

écosystèmes, à un monde miniature. Plages de sable blanc ou noir, champs de cactus et landes de bruyère forment l'habitat hétéroclite de la plus grande concentration d'espèces endémiques qui soit : iguanes teintés de vermillon, oiseaux à pattes bleues et troupeaux d'otaries qui battent la mesure en silence avec leurs nageoires, avec en arrière-plan les fumerolles des volcans actifs de Sierra Negra et Chico. Non loin de là, depuis les promontoires de lave qui caractérisent les Tintoreras, des groupes de manchots observent la circulation embouteillée de requins corails dans une passe d'eaux cristallines. Impressionnant !

Jour 4
Île Floreana et îlot Champion

Au large de Floreana jaillit des eaux une curieuse formation rocheuse en

Les Galápagos à la carte

Province de Galápagos, Équateur

Chef-lieu Puerto Baquerizo Moreno

Langue officielle Espagnol

Géographie L'archipel comprend 19 îles et 29 îlots, inhabités pour la plupart, pour une superficie totale de 140 665 km².

Équipement Chaussures de marche, vêtements confortables et jumelles seront plus que nécessaires pour profiter au mieux des merveilles de l'archipel.

Étiquette Il est important de préserver au mieux cet environnement unique au monde. Aussi, par respect pour la nature, évitez de piétiner ou d'endommager la végétation et ne donnez pas de nourriture aux espèces animales que vous rencontrerez.

Une personnalité Charles Darwin, qui utilisa ses études sur les tortues des Galápagos pour aider à prouver sa théorie de l'évolution.

En famille

▶ **Quand y aller ?**
L'été austral étant inversé dans l'hémisphère sud, on privilégie septembre et octobre – soit le printemps australien – pour bénéficier de températures douces, notamment dans le désert du centre du pays.

NEXT 85 km

▶ **19 jours**

▶ De **Sydney** au **parc national Wooroonooran**

Pour qui ? Pourquoi ?

Une multitude de possibilités s'offrent aux familles avec ados ou enfants en bas âge : activités culturelles, sports variés, découverte de la nature…

Inoubliable...

▸ *Suivre un cours de surf en famille à Bondi Beach.*

▸ *Apprécier la richesse culturelle de Melbourne.*

▸ *Admirer Uluru littéralement embrasé par le lever du soleil.*

▸ *Découvrir la nature comme terrain de jeu à Wooroonooran.*

Australie
Aventure australienne en famille

C'est le bout du monde, certes, mais quelle récompense à l'arrivée ! Car l'Australie est un monde à part qui se raconte à toutes les générations de voyageurs, particulièrement aux plus jeunes qui l'adopteront comme leur nouveau pays imaginaire. Les métropoles dynamiques de Sydney et Melbourne abondent en activités ludiques et culturelles, à l'image du reste de cette aventure, de Kakadu à Wooroonooran, autant de noms mystérieux qui cachent une nature variée et envoûtante, aux déserts rouges et aux forêts émeraude. Plongez dans la Grande Barrière de corail, bondissez comme les kangourous, émerveillez-vous devant l'héritage aborigène, les possibilités sont aussi immenses que l'Outback lui-même !

Plongée, Cairns

Uluru

Melbourne

Itinéraire

Jours 1 à 3

Sydney

Sydney est comme un gigantesque village de vacances et on ne saurait se priver des multiples attractions que la métropole de l'Australie propose, à commencer par l'inénarrable Opéra en forme de voilier qu'on peut rejoindre en ferry plutôt qu'en bus – bien plus amusant. Conseil malin : le Sydney Attractions Pass donne entre autres accès à l'aquarium de Manly, au WILD LIFE Sydney Zoo et à la Sydney Tower… pour admirer la ville de haut !

Jour 4

Les montagnes Bleues

Surnommées ainsi à cause des brumes bleutées qui émanent des forêts d'eucalyptus, ces formations géologiques offrent de sublimes panoramas sur toute la région, notamment sur les fameuses Three Sisters. Un réseau de sentiers pédestres facilite l'accès à l'ensemble du site.

Jours 5 à 7

Melbourne

Deuxième ville du pays, Melbourne est la plus britannique avec son architecture victorienne et ses parcs élégants. Occasion unique d'en apprendre plus sur son histoire : le vaste jeu de piste qu'offrent ses différents quartiers, de Fitzoy le bohème à St Kilda, véritable plage au cœur de la ville.

Jour 8

Phillip Island

Une île-zoo ou presque, avec ses colonies de lions de mer et surtout de manchots pygmées qui rentrent au bercail chaque soir en dodelinant benoîtement, et qu'on observe en prenant son temps depuis de discrètes plateformes.

Jour 9

Alice Springs

Vous voilà au cœur de l'Outback, immense désert de l'île-continent. Alice Springs, dont 20% de la population est constituée d'aborigènes, est surtout connue pour abriter une radio-école qui offre des cours aux enfants de cette région isolée.

En famille

Mer de Corail

AUSTRALIE

Grande Baie australienne

Parc national Kakadu

Bondi Beach, Sydney

Une journée à Sydney avec des jeunes enfants

Il ne faut d'abord pas manquer le zoo de Taronga, qui invite les visiteurs à découvrir une faune des plus exotiques : adorables koalas, wombats, kangourous, wallabys et bilbis. De merveilleuses rencontres pour la plus grande joie des petits et grands.

Faites ensuite une pause au bord de la baie de Woolloomooloo ou de l'idyllique Watsons Bay. En soirée ont lieu des spectacles variés aux quatre coins de la ville de Sydney, dont de nombreuses œuvres spécifiquement élaborées pour un public d'enfants au sein du mythique Opera House.

Enfin, Sydney est le spot idéal pour s'essayer au surf sur la plage infinie de Bondi et ainsi partager des moments de joie et d'adrénaline. Autre option : une balade à dos de poney ou de cheval dans l'immense parc Centennial, un havre de paix.

En famille

Jours 10 et 11

Glen Helen - Kings Canyon

De Glen Helen, ralliez le fantastique Kings Canyon, dont les sites ont des noms aussi mystérieux que « Jardin d'Éden » ou « Cité Perdue ». Un terrain de jeu idéal pour votre Indiana Jones junior et ses premières randonnées dans des paysages spectaculaires.

Jour 12

Ayers Rock - Darwin

C'est au matin qu'Ayers Rock (Uluru) se teinte de couleurs surnaturelles. Les légendes sur la genèse du monde abondent dans ce sanctuaire sacré pour les aborigènes Anangu, dont le riche folklore perdure encore de nos jours. On en profite pour découvrir le sport du coin avec un authentique boomerang ou les douces mélodies du didgeridoo.

Jour 13

Parc national Litchfield

Véritable arche de Noé, Litchfield abrite une quantité impressionnante d'espèces animales : kangourous, opossums, chauvesouris fantômes, bandicoots, wallabys et dingos abondent dans cette région hérissée de curieux monticules de terre : une façon de nous rappeler que les termites restent reines des lieux !

Jours 14 et 15

Katherine

Des grottes de Cutta Cutta aux bassins naturels des gorges de Nitmiluk, les environs de Katherine abondent en merveilles à explorer, à pied, en canoë ou à vélo, dans un esprit de pure aventure. C'est en camping que cette nature aux falaises ocre vif s'apprécie le plus, entre feu de camp et firmament semé d'étoiles.

Jour 16

Parc national Kakadu

L'histoire et la cosmogonie aborigènes sont abondamment contées à travers l'art rupestre des parois de Kakadu, véritables graffitis de la nuit des temps, et sont expliquées en détail dans les centres d'information du parc. Enfin, on termine la journée par une rencontre unique avec les crocos, hôtes impressionnants des Wetlands.

Jours 17 et 18

Cairns et la Grande Barrière de corail

La Grande Barrière de corail est l'une des attractions majeures du pays. Nemo ou la Petite Sirène ont sûrement une résidence secondaire dans cet univers fantastique peuplé de coraux protéiformes et de toutes sortes de poissons. Parfait pour une initiation des plus jeunes à la plongée, ce trésor sous-marin leur emplira les yeux de couleurs.

Jour 19

Parc national Wooroonooran

Découvrir Wooroonooran est une partie de plaisir : jeu de piste sur les sentiers pour débusquer une faune timide, ponts de singe au-dessus des torrents pour les amateurs de sensations fortes ou fous rires en glissant dans les Josephine Falls. Voilà une fin de voyage prometteuse en souvenirs !

L'Australie
à la carte

Commonwealth d'Australie

Capitale Canberra

Langue officielle Anglais

Religion Christianisme

Étiquette N'hésitez pas à vous servir vous-même quand vous êtes invité à un barbecue ou à un repas décontracté. Votre hôte appréciera que vous vous sentiez comme chez vous.

Un plat La *pavlova* est un dessert constitué d'une grande meringue recouverte de crème fouettée et de fruits.

Une personnalité Hugh Jackman est l'un des artistes du spectacle les plus populaires depuis le début des années 2000 : chanteur, comédien, acteur, il mène une carrière couronnée de succès dans chacun de ces domaines.

Jardin Majorelle, Marrakech

Grand luxe

Voyager comme dans un rêve
et profiter de moments raffinés, exceptionnels
dans les destinations les plus exotiques.

▶ **Quand y aller ?**
Entre novembre et mars, durant la saison sèche. Beaucoup de temples étant situés dans la forêt tropicale, vous vous épargnerez la touffeur estivale qui sévit et peut amoindrir le plaisir des visites et découvertes.

Angkor Wat

▶ **10 jours**

▶ De **Siem Reap** à **Koh Rong**

Pour qui ? Pourquoi ?

La culture khmère est l'une des plus riches qui soient. Elle rassasiera les amateurs d'histoire et de civilisations. Mais le Cambodge cache aussi quelques trésors balnéaires et surtout une population extrêmement accueillante qui vous fera vous sentir chez vous en un battement de cils.

Inoubliable...

▶ *Découvrir Angkor avec un archéologue.*

▶ *Déambuler dans la forêt de ruines khmères à Bang Mealea.*

▶ *Assister à un gala du ballet royal à Phnom Penh.*

▶ *Jouir de soins de spa au bord de sa piscine privée à Koh Rong.*

Cambodge
Légendes de pierre au pays khmer

Visiter le Cambodge, c'est d'abord rendre hommage à une civilisation qui éclaira tout un continent pendant presque cinq siècles. Faites appel à un guide archéologue et arpentez ces allées de pierre alors semées d'or et de safran, avant qu'une jungle dévorante n'ait emmitouflé les temples dans son manteau vert. Mais on ne saurait cantonner le pays khmer à des prodiges d'architecture, tant son vrai trésor est un peuple né le cœur sur la main et au sourire immuable. Dans les marchés flottants du delta du Mékong ou sur les plages du golfe de Thaïlande, on est partout bienvenu et déjà aimé! Camps de luxe au pied des sanctuaires ou retraite zen sur une île privée, ce voyage est une porte grande ouverte sur l'onirisme.

Bang Mealea

Sihanoukville

Lac Tonlé Sap

Itinéraire

Jour 1
Siem Reap

Introduction en douceur au Cambodge, Siem Reap vaut pour ses façades de l'ère coloniale indochinoise et le nouveau musée national qui présente des collections d'art khmer. En fin de journée, immersion dans la vie locale au marché de nuit, grand bazar de boutiques et restaurants, où vous pourrez déguster les spécialités du lieu comme les crevettes et le serpent grillé !

Jour 2
Temples du Grand circuit – Banteay Srei

De Pre Rup au Mébon oriental, toute la virtuosité de l'art khmer s'exprime à travers des temples hindous et bouddhiques d'un exquis raffinement, datant pour la plupart du Xᵉ siècle et peu à peu envahis par la jungle. À Banteay Srei, la citadelle des femmes, les grandes dentelles de grès rose sont d'une poésie presque palpable.

Jour 3
Angkor Wat – Angkor Thom

Symbole du mont Meru, la résidence céleste des dieux, Angkor Wat n'est que grâce, sublimée par son exact reflet dans le bassin au pied des esplanades. C'est le plus vaste ensemble archéologique au monde sur 81 ha, et un labyrinthe de cours, corridors et grands visages de pierre souriants. Plus au nord se dresse Angkor Thom, autre sanctuaire à la beauté magique : terrasse des Éléphants, où avaient lieu les fastueuses audiences royales, ou terrasse du Roi lépreux, dont les apsaras figées font office de sentinelles de pierre. L'ensemble est inoubliable.

Jour 4
Bang Mealea – Lac Tonlé Sap

Ici la nature a épousé les temples dans une vigoureuse embrassade. Les racines des fromagers dégoulinent sur les linteaux des portes et éventrent les murs pour former un domino géant. Pourtant le site conserve un caractère mystique singulier, tels les bas-reliefs du Ramayana représentant le barattage de la mer de lait, mythe fondateur de la cosmologie hindoue. Ces images en tête, direction

Grand luxe

LAOS

Angkor Wat
Banteay Srei
Siem Reap · Bang Mealea
· Sambor Preik Kuk
Lac Tonlé Sap
CAMBODGE
Koh Dach
Phnom Penh · VIETNAM

THAÏLANDE

Golfe de Thaïlande

Koh Rong ·
Sihanoukville · Parc national de Ream

Banteay Srei

Bas-relief, Phnom Penh

Grand Hôtel, Siem Reap

Grand luxe

le Tonlé Sap, poumon du Cambodge, où l'homme s'est taillé une place dans la forêt inondée à force de villages sur pilotis et de commerce local. La marée du delta du Mékong, tout proche, dicte l'heure de ce monde de paysans au sourire légendaire.

Jour 5
Sambor Preik Kuk

Édifié au VIIe siècle, ce site pré-angkorien, ancienne capitale du royaume shivaïte de Chela, possède un charme intimiste qui se dévoile au fil des animaux sculptés et des tours inexorablement ensevelies sous le feuillage des banyans. Le soir venu, on se retrouve autour du feu dans le luxueux camp monté à quelques pas même des temples, en savourant une coupe de cham-

Les palaces de l'Indochine

Durant la période du protectorat français au Cambodge, comme dans l'ensemble de l'Indochine dans la première moitié du XXe siècle, on voit fleurir ici et là de grands et luxueux vaisseaux de pierre destinés à accueillir la grande bourgeoisie des colons et les hauts fonctionnaires. Ces hôtels mythiques, parangons de l'élégance à la française, ont aujourd'hui gardé tout leur cachet. Au Grand Hôtel de Siem Reap, au Royal de Phnom Penh ou au Métropole d'Hanoi, le service est toujours impeccable et feutré, les tapis plus moelleux que jamais, les fleurs éclatantes de fraîcheur, et que dire de ces suites Art déco au mobilier d'époque qui ont vu défiler Audrey Hepburn, André Malraux ou Charlie Chaplin. Écrins pour les stars, siège des fêtes les plus folles ou antichambres de secrets d'État, on se laisse enivrer sans peine par la nostalgie d'un passé exotique et fascinant.

pagne au son d'une ancienne mélodie khmère.

Jours 6 et 7
Phnom Penh – Koh Dach

Les toits d'or du palais royal ne sont qu'une prémisse aux splendeurs qu'il abrite dans son enceinte, comme la

Pagode d'argent et ses bouddhas d'or, d'argent et de cristal, sur fond de fresques délicates, puis encore d'autres trésors qu'on retrouve au musée national. Faites ensuite un saut dans le temps autour du Wat Phnom et du marché central de style Art déco, devant les façades altières des villas françaises, où semble encore

Koh Rong

résonner le charleston d'antan. Le lendemain, embarquement pour Koh Dach, petite île qui préserve jalousement des traditions comme le tissage de la soie à la main, celle-là même qui parait les rois et les concubines d'Angkor. Visite du village en vélo, pour s'arrêter jouer avec les enfants ou encore acheter quelques fruits à la vieille qui vous apostrophe depuis son porche.

Jour 8
Parc national de Ream – Sihanoukville

Peu fréquenté, le parc de Ream a conservé une nature intacte de mangroves et de jungle tropicale où s'ébattent pélicans et singes. On en profite pleinement avec une croisière ouatée qui remonte la rivière Prek Toeuk, bordée de grandes fougères. Cap enfin sur Sihanoukville, cité balnéaire toujours en fête.

Jours 9 et 10
Koh Rong

Prenez le large vers une oasis de plénitude, dans les eaux irisées du golfe de Thaïlande. Rien à faire là-bas, sinon savourer les plages immaculées, vous faire masser par des mains divines sur la terrasse de votre villa, peut-être vous fondre dans le décor de bois sombre et délicat d'un temple du luxe. Et oublier qu'il faudra repartir.

Le Cambodge
à la carte

Royaume du Cambodge

Capitale Phnom Penh

Langue officielle Khmer

Religions Bouddhisme theravada, islam, christianisme

Étiquette Ne piquez pas des baguettes verticalement dans un bol de riz ; cela rappelle l'encens brûlé en mémoire des ancêtres.

Un plat *Kho bangkang*, des gambas au sucre de palme caramélisé, servis avec du riz frit.

Une personnalité Norodom Sihanouk, figure politique majeure du XXe siècle et héraut de la francophonie.

Grand luxe

91

▶ **Quand y aller ?**
De janvier à avril, durant la saison sèche. C'est aussi l'occasion de visiter le pays durant la Semaine sainte, l'un des temps forts de l'année avec ses multiples processions païennes et bigarrées.

Lac Atitlán

▶ **12 jours**

▶ **D'Antigua à Ambergris Caye**

Pour qui ? Pourquoi ?

Pour découvrir une culture d'une richesse insoupçonnée et une terre où les hommes ont ancré leurs traditions depuis des millénaires. Fou de nature, réjouissez-vous : jungle et lagunes tropicales sont aussi du programme !

Inoubliable...

▶ Découvrir les marchés guatémaltèques pour les produits frais et l'artisanat inimitable.

▶ Assister à une cérémonie maya avec un chaman.

▶ Visiter Tikal avec un « mayaniste » professionnel.

▶ Plonger dans les fonds coralliens d'Ambergris Caye, véritable symphonie de couleurs.

Guatemala et Belize
Mundo maya et trésors caribéens

Une danse entre coutumes d'hier et rites d'aujourd'hui, sous le regard de saints inventés de toutes pièces comme les symboles de peuples à l'imagination trop fertile, un voyage entre vieilles pierres mayas et clochers espagnols, un périple éthéré entre jungle, volcans et plages de rêve, c'est le cocktail inimitable de cette découverte du Guatemala. Ce qui lui donne en fait la rareté ? Les rencontres avec des archéologues ou des chamans qui vous feront partager la richesse de leur culture. Avec, en trame de fond, l'atmosphère et le confort unique d'hôtels-boutiques ou de *lodges* secrets, pour mieux préserver la rareté de ce livre d'images indélébiles qui ne vous quitteront pas.

Quirigua

Antigua

Tissage traditionnel

Requin nourrice, Ambergris Caye

Itinéraire

Jour 1

Antigua

Découverte d'une des plus belles villes d'Amérique centrale. En calèche ou à pied, on se promène entre ses patios fleuris, ses ruines baroques romantiques et ses demeures du XVIIe siècle éclatantes de couleurs. Replongez-vous dans l'atmosphère coloniale en dormant dans un incroyable hôtel-musée construit sur un ancien monastère.

Jour 2

Iximché – Solola

Route vers le nord et l'Altiplano guatémaltèque où l'on rejoint Iximché, lieu traditionnel de rituels mayas perpétués par les habitants locaux. Vous assisterez à une cérémonie chamanique, moment d'exception, avant de vous promener dans les rues de Solola, une adorable bourgade encore inconnue du tourisme de masse. Depuis ses hauteurs, le coucher de soleil sur le volcán San Pedro ne saurait se décrire.

Jour 3

Lac Atitlán

Le miroir d'eau du lac Atitlán est enchâssé dans une couronne de volcans aux cônes harmonieux. Tout autour, les rives sont émaillées de villages figés dans le temps : San Juan La Laguna, Santa Catarina Palopo et Santiago, où les communautés de la nation Tzutujil continuent de vénérer Maximón, un saint tout enrubanné né du syncrétisme catholique et maya.

Jour 4

Chichicastenango

Un nom qui roule hors de la bouche comme une musique païenne : dès l'arrivée dans le marché, c'est un véritable déluge de couleurs et un fabuleux désordre d'animaux, de tissus brodés et de tas de copal, l'encens divinatoire. Derrière les danseurs masqués, on s'amuse à deviner les différentes ethnies de la région : Cakchiquels, Ixils ou Quichés, avant de remplir ses valises d'artisanat en bois exotique.

Jour 5

Copán

Brève incursion au Honduras pour une rencontre exceptionnelle avec les Indiens Chorti à la peau et aux yeux clairs, tel ce dieu blanc que les Mayas attendaient. À Copán, on s'ébahit devant la finesse des

Grand luxe

93

Tikal

La Casa Santo Domingo à Antigua

Ancien monastère fondé en 1538 par l'ordre dominicain, la Casa Santo Domingo, aujourd'hui un hôtel de grand luxe, fut jadis l'un des plus grands couvents de tout le continent américain. Malgré sa destruction en 1773 lors d'un tremblement de terre, ses trésors et son architecture baroque ont en partie survécu. De ses ruines, tel un phénix renaissant de ses cendres, a émergé un véritable palace hôtelier.

Suites intimistes, salons baroques, jardins paisibles, c'est aussi un musée imprégné d'un puissant héritage culturel, qui invite à se perdre dans l'histoire de la ville d'Antigua, dont il est l'un des chefs-d'œuvre architecturaux. On y trouve de somptueuses sculptures de bois, couronnes et peintures religieuses datant des XVIIe et XVIIIe siècles, ainsi qu'un large éventail d'objets archéologiques.

Passage obligé lors de tout séjour à Antigua, découvrez cet hôtel atypique où luxe et enrichissement culturel sont les maîtres-mots.

Grand luxe

imposantes stèles et des milliers de pétroglyphes admirablement conservés sur tout le site, authentique musée à ciel ouvert.

Jour 6
Quirigua – Livingston

Les stèles de Quirigua n'évoquent rien d'autre qu'une puissance royale ou divine et toute la force des mythes précolombiens. Çà et là, un monstrueux bestiaire sculpté semble vouloir prendre vie à tout moment, tel un zoo de golems, aux secrets vengeurs. Puis on part vers Livingston, ce petit village de l'ethnie Garífuna qui vit au rythme des percussions et de la pêche.

Jour 7
Río Dulce – Flores

À l'aube, remontez le Río Dulce en *lancha*, pour admirer la jungle caribéenne dans toute sa beauté intacte : des vagues d'aras cramoisis s'échappent des feuillages, la mangrove émerge mollement des eaux du fleuve, les singes entament leurs vocalises de *prima donna* éraillées. Arrivée à Flores, ville posée sur le lac Petén Itzá et ancienne capitale des Itzás, qui dominèrent longtemps le Yucatán voisin. Couvents espagnols, ateliers de confection de *huipiles* et ruelles pavées font tout le charme de cette Venise guatémaltèque.

Jour 8
Yaxha

Du haut des pyramides de Yaxha, le panorama sur la jungle et le lac tout proche sont splendides. C'est également le seul site maya qui permet de fouler les mêmes allées de pierre que les Mayas empruntaient il y a 2 000 ans. Seules quelques-unes des 500 structures ont été nettoyées de la végétation rampante, donnant un charme tout particulier à l'ensemble. En soirée, assistez à un spectacle de danses rituelles au cœur de la jungle.

Jour 9
Tikal

À Tikal, un archéologue « mayaniste » s'avérera le meilleur des guides pour vous faire découvrir ce qui est sans nul doute le plus spectaculaire site maya au monde. Journée consacrée au décryptage des stèles, entre pyramides désormais aveugles et esplanades majestueuses. Tikal, c'est aussi un monde vivant, une faune de jaguars, singes et toucans qui

MEXIQUE
Tikal
Flores
Yaxha
Ambergris Caye
BELIZE
Mer des Caraïbes
GUATEMALA
Livingston
Chichicastenango
Quirigua
Solola
Iximché
Copán
Lac Atitlán
Ciudad de Guatemala
Antigua
HONDURAS
Océan Pacifique
EL SALVADOR

Blue Hole

gardent ce territoire mythique contre les visiteurs profanes.

Jours 10 à 12
Ambergris Caye

Au terme du voyage, le rêve tropical des Caraïbes commence. Un long trait de sable blanc, des forêts de coraux multicolores traversées par les colonnes de tortues et requins nourrices… les eaux du Belize sont comme des diamants liquides qui vous mèneront peut-être jusqu'au Blue Hole, immense *cenote* immergé qui s'ouvre sous les profondeurs du monde. Lors d'une croisière en catamaran de luxe ou toisant le bas monde depuis la terrasse d'acajou de votre *lodge*, goûtez au ressourcement suprême.

Le Guatemala
à la carte

République du Guatemala

Capitale Ciudad de Guatemala

Langue officielle Espagnol

Religions Catholicisme, religion maya

Étiquette A contrario de certains pays d'Amérique centrale, il est d'usage de vouvoyer son interlocuteur ; on utilise alors le pronom *usted*.

Un plat Le *fiambre*, une salade froide de morceaux de viande, olives, oignons et fromage. On peut y ajouter jusqu'à 40 ingrédients différents !

Une personnalité Rigoberta Menchu, Prix Nobel de la paix pour son action en faveur de l'équité sociale pour les peuples autochtones.

Le Belize
à la carte

Belize

Capitale Belmopan

Langue officielle Anglais (espagnol : langue maternelle de 50% de la population)

Religions Catholicisme (40%), protestantisme (30%)

Étiquette Les Garifunas, ou Caraïbes noirs, tirent une grande fierté de former un peuple dont l'histoire a échappé à l'esclavage. Prêtez-leur le plus grand des respects.

Un plat L'*ereba*, pain de manioc cuit sur une plaque chauffante et accompagné de bananes plantains, poisson ou sauce.

Une personnalité Shyne, un rappeur garifuna.

Grand luxe

Grand luxe

▶ **Quand y aller ?**
D'avril à juillet, pour éviter les grandes chaleurs estivales. C'est aussi au mois de mai que se tient la fête des Roses dans la vallée du même nom, notamment à Kelaât M'Gouna.

Camp dans le désert

▶ **9 jours**

▶ De **Ouarzazate** à **Marrakech**

Pour qui ? Pourquoi ?

Pays de tous les plaisirs, le Maroc possède un charme unique qui opère sur tous ses visiteurs, qu'ils soient épris de traditions, de nature changeante ou de rencontres. Avec cet itinéraire de luxe, découvrez en prime le raffinement absolu de la culture marocaine.

Inoubliable...

▶ *Visiter les ksars de grès rouge, ces villages fortifiés de l'architecture berbère.*

▶ *Prendre part à la cérémonie du thé dans un camp du désert au crépuscule. Magique !*

▶ *S'adonner à une séance de hammam sur le toit d'un riad à Essaouira, avec vue sur la mer.*

▶ *Se perdre dans les ruelles de la médina de Marrakech et découvrir des trésors insoupçonnés.*

Maroc
Casbahs, camps et riads

Le Maroc est une valse des sens, un royaume enchanté qui fait perdre la tête. À coup de dunes orange, de villes blanches, de flots bleus et d'oasis vertes, il enivre, nous condamne presque à rester pour goûter à tous ses charmes. Les médinas andalouses ou berbères, vibrantes à chaque heure, sont toujours en quête d'un bon client à qui vendre leurs légendes et leurs poteries. On languit dans les cours fraîches des casbahs et des riads, on se couvre de henné ou d'huile de rose dans les hammams, on se prélasse à l'ombre des arganiers au cœur d'une palmeraie de Skoura. Seigneur du désert ou prince d'un ksar, nous voilà enfin roi du rêve qu'on s'était promis de vivre.

Essaouira

Vallée du Dadès

Le thé

Itinéraire

Jour 1

Ouarzazate – Ksar d'Aït-Ben-Haddou

Ouarzazate, qu'on approche par l'impressionnant col du Tizi n'Tichka, est le point de départ de la route des oasis et le carrefour historique de l'artisanat marocain. Surnommée la porte du désert, elle est aussi à proximité du ksar d'Aït-Ben-Haddou, majestueux château de sable posé au cœur de champs d'amandiers fleuris et de palmeraies. Cet habitat traditionnel de l'Atlas abrite entre ses murailles ocre de petites maisons de terre enchevêtrées.

Jour 2

Skoura

C'est l'une des dernières palmeraies du pays encore entretenues et habitées. Quelque 130 000 palmiers prospèrent dans le cadre presque fantastique d'anciennes casbahs transformées en hôtels-boutiques de luxe, comme celle où vous prenez vos quartiers : à vous les bains traditionnels parfumés, séances de spa à l'ombre d'un patio, avant de vous initier à la cuisine typique de l'Atlas. En fin de journée, promenade en dromadaire vers Amerhidil, étonnant palais de pierre aux façades ciselées.

Jour 3

Camp du lac Iriki

Au matin, prenez la route de la vallée de Taznakht vers Foum Zguite à l'assaut du désert. Pique-nique en oasis à Tasselift, entre les dunes blondes aux formes sans cesse changeantes, avant d'arriver au lac salé Iriki, où est dressé un camp bédouin traditionnel. Sous les grandes tentes vous attendent pâtisseries au miel, thé aux effluves ensorcelants de menthe ou violette et notes de musique berbère. Et en tant qu'invité distingué, on vous a réservé un traitement de roi : un sompteux festin illuminé de torchères sur la plus haute des dunes, sous le dais indigo de la Voie lactée.

Jour 4

Région de Skoura

Retour dans la région de Skoura pour encore plus d'excursions autour des douars, ces vieux villages en pisé où se perpétuent

Grand luxe

Marrakech

Dans un riad

les arts de la poterie, du tissage et de la vannerie. Vous suivrez d'abord Sidi Flah, une palmeraie luxuriante sur les berges du fleuve Dadès, qui dissimule des casbahs en ruine ou encore habitées. Il suffit d'y traîner le pas ou d'échanger avec les gens du coin, quand l'heure se fait plus douce, pour s'immerger dans ce décor berbère vert et orange au caractère puissant.

Jours 5 à 7

Essaouira

L'opération séduction continue. Fardée de blanc, soulignée de bleu, Essaouira est assise sur le bord de l'Atlantique, assoupie derrière les murailles de sa citadelle du XVIIIe siècle. Son port berce des centaines de barques vides, car les pêcheurs font souvent la sieste sous la solennelle Porte

La vallée des Roses

En suivant la route des casbahs au nord-est de Ouarzazate, dans la vallée du Dadès, un monde de parfums et de couleurs se cache derrière les gorges arides. C'est une étape traditionnelle des treks du Haut Atlas, une pause au raffinement subtil. Au Maroc, la rose est un symbole de pureté ; on l'offre en bienvenue aux visiteurs, on en glisse quelques gouttes d'eau distillée dans le bain pour le parfumer. Au printemps, les roseraies éclosent en suivant l'oued M'Goun sur une trentaine de kilomètres. C'est l'occasion de se promener à la fraîche, d'observer les techniques de cueillette ou de distillation rituelle ou de visiter les imposants ksars. Et lors de la fête des Roses en mai, l'ambiance devient festive : chants, danses, défilés et repas populaires animent les villages comme Kelaat M'Gouna ou Bou Tharar, qui marque la fin de la vallée.

de la Marine qui en ouvre l'accès. Sur la place Moulay Hassan, cœur de la ville, les cafés se disputent les clients en djellabas ou en sandales. Dans la médina, on négocie poteries et épices à qui mieux mieux,

entre les mosquées et les riads cachés. Mais l'effervescence de ce petit monde ne vous suivra pas jusqu'à la plage de Sidi Kaouki, repère favori des *Saouiris* et des surfeurs.

Ksar d'Aït-Ben-Haddou

Grand luxe

Le Maroc
à la carte

Royaume du Maroc

Capitale Rabat

Langues officielles Arabe, amazigh (berbère) ; **autre langue** : français

Religions Islam, christianisme, animisme

Étiquette Ne passez pas devant les musulmans en prière, vous leur couperiez le chemin vers La Mecque.

Un plat La pastilla, feuilleté farci à la viande de pigeon, persil, amandes et coriandre.

Une personnalité Lubna Azabal, actrice éclectique qui s'est tournée vers un cinéma francophone.

Jours 8 et 9
Marrakech

Fleuron de la culture marocaine, Marrakech n'a que des trésors à offrir : sa médina labyrinthique, des souks animés, des palais tout en arabesques comme la Bahia, qui nous transporte à l'Alhambra de Grenade. Elle prend vie sur l'inénarrable place Jemaa el-Fna, repaire des conteurs, jongleurs et vendeurs de cornes de gazelle.

À l'heure du thé à la menthe, le hammam nous attend, huile d'argan et lumière tamisée au programme. Et il reste encore à découvrir l'oasis bleue du jardin Majorelle, la médersa Ben-Youssef… comment arrêter le temps ? Justement, nous voilà arrivés ! Une courette qui embaume la rose, les lampes aux lueurs fébriles, une fontaine qui chantonne : le riad traditionnel qui nous accueille ce soir est un havre exquis, union de raffinement et de tradition.

Dubaï

▶ *Quand y aller ?*
Durant l'hiver, entre décembre et février, lorsque le mercure est le plus clément. Avec des journées de quelque 50°C en été, voyager dans les Émirats durant cette saison est simplement inconcevable !

▶ **6 jours**

▶ De **Dubaï**
à **Ras Al Khaimah**

Pour qui ?
Pourquoi ?

C'est LE voyage pour ceux qui aiment conjuguer exotisme et confort cinq étoiles. Bien des mystères d'Orient se révèleront aussi aux amoureux d'histoire, dans cette destination bien plus riche qu'on ne le penserait.

Inoubliable...

▶ *Marchander l'or au souk de Deira à la nuit tombée.*

▶ *Visiter le marché aux dromadaires d'Al Ain.*

▶ *Faire une partie de tennis au sommet du Burj Al Arab, à 300 m de hauteur !*

▶ *S'offrir un pique-nique « homard et champagne » dans les dunes du désert, au clair de lune.*

Émirats arabes unis
Des gratte-ciel au désert

Monde à part, monde fantasmé, monde de pacotille ? La planète semble parfois se rapetisser devant Dubaï ou Abu Dhabi et leurs nouvelles folies architecturales, leurs îles qui surgissent de la mer déjà parées d'hôtels aux vitres de cristal ou de pistes de ski, et leurs défis à l'économie mondiale. Mais derrière le vernis moderne vit toujours le raffinement d'hier, celui des cheiks et des bédouins, dans un souk de Ras Al Khaimah ou dans les oasis d'Al Ain. Derrière les dunes du désert, à dos de dromadaire ou dans un camp luxueux, on préserve le passé, on en fait un bien précieux pour les vrais voyageurs, une offrande de traditions, comme une invitation à déjà revenir visiter ce mirage.

Souk de Deira

Mosquée Sheikh Zayed, Abu Dhabi

Itinéraire

Vieux Dubaï   Jour 1

Arrivée en douceur avec la découverte du vieux Dubaï, réminiscence des contes de Sinbad. On visite le souk de l'or à Deira, caverne d'Ali Baba qui scintille de mille feux. Après avoir fait le plein d'artisanat authentique, direction Bur Dubai et les quartiers de Bastakiya et Shindagha, où les nobles demeures, certaines remontant à la fin du XVIIe siècle, arborent toujours leurs « tours des vents » destinées à rafraîchir les intérieurs.

Al Ain   Jour 2

C'est la ville-jardin des Émirats. Ici, la poussière du désert cède le pas aux

Burj Khalifa

Inaugurée en 2009, la tour Burj Khalifa est, avec ses 828 m, la plus haute construction humaine jamais édifiée. Emblématique de la folie des grandeurs qui s'est emparée de Dubaï au tournant des années 2000, ce gratte-ciel à la silhouette d'aiguille effilée a vu sa hauteur accrue au cours du projet, au gré de la compétition acharnée des tours asiatiques, et est visible à 95 km à la ronde. Son coût total, estimé à 1,5 milliard de dollars américains, fait partie d'un projet encore plus vaste comprenant le plus grand centre commercial au monde, un lac artificiel et 19 autres tours. La Burj Khalifa elle-même abrite un hôtel cinq-étoiles ainsi que des étages résidentiels et de bureaux.

palmeraies rafraîchissantes et aux dattiers. Au musée national, on découvre les collections archéologiques provenant du site voisin d'Hili, avant de visiter le marché aux dromadaires traditionnel.

Dubaï moderne   Jour 3

Dans la nouvelle ville, des dizaines de tours de verre s'élancent vers le firmament,

Camp dans le désert

Quartier de Bastakiya, Dubaï

mais l'aiguille de la Burj Khalifa semble inaccessible avec ses 828 m de haut. De son sommet, l'extravagante Dubaï est une mer de lumières : la Dubaï Fountain et son ballet aquatique, le Dubaï Mall, temple mondial du luxe, et à Jumeirah, les gigantesques palmes de sable dessinées dans la mer. On finit la journée avec un cocktail au bar panoramique de la Burj Al Arab, l'hôtel voilier qui semble flotter sur les eaux du golfe Persique.

Abu Dhabi
Jour 4

Dans la capitale des Émirats, tout est hors de proportion, à commencer par la mosquée Sheikh Zayed, un prodige de marbre blanc où les ors, pierres semi-précieuses et arabesques délicates étourdissent littéralement l'esprit. Voyage

Jazirat Al Hamra, ville hantée ?

Fondé au XIVᵉ siècle, et autrefois prospère port de pêcheurs de perles de Ras Al Khaimah, ce fief ancestral de la tribu Zaabi est abandonné depuis presque un siècle et tombe peu à peu en ruine. Les habitants ont laissé derrière eux maisons et poteries. La mosquée n'accueille plus de fidèles. La végétation est desséchée. Car une légende tenace court… celle de la présence d'un djinn, esprit maléfique qui hante les sables d'Orient. Médias, offices de tourisme et résidents, tous entretiennent le mot, au point qu'aucun Émirati n'ose se rendre sur les lieux…

C'est à ce jour le dernier exemple de ville traditionnelle aux Émirats, noyée entre gratte-ciel, marinas et esplanades de béton. Véritable trésor pour les photographes, son accès est libre aux visiteurs depuis la route E 311, près de l'Ice Land Water Park.

ensuite dans le temps à l'Heritage Village, qui déborde d'échoppes et d'ateliers d'artisans reconstitués. Et pour finir sur une note contemporaine et stylée, découverte du Ferrari World, vaste complexe à l'architecture extravagante.

Burj Al Arab

Jours 5 et 6

Ras Al Khaimah

Fin de séjour au pays des mille et une nuits. Si Ras Al Khaimah abonde en marchés populaires et souks au gré de ses anciens villages côtiers, son vrai joyau est un luxueux campement au cœur du désert. Safari en quad dans les dunes pour observer la faune, repas traditionnel avec les bédouins ou cours de fauconnerie avant une séance de spa, rien ne manque. Même pas la balade à dos de dromadaire au clair de lune… et le voyage devient mirage.

IRAN

Golfe Persique

QATAR

• Doha

Ras Al Khaimah

OMAN

Dubaï ■

Abu Dhabi

Al Ain

ÉMIRATS ARABES UNIS

ARABIE SAOUDITE

OMAN

Les Émirats arabes unis à la carte

État des Émirats arabes unis

Capitale Abu Dhabi

Langue officielle Arabe ; **autres langues :** perse, anglais, hindi, urdu

Religions Islam, christianisme, hindouisme

Étiquette Les femmes voyageant seules n'encourent aucun risque, à part le regard insistant des travailleurs immigrants.

Un plat Le *harees*, composé d'eau, de viande et de blé bouillis, est consommé durant le ramadan.

Une personnalité Ahmed Ibn Majid, marin et cartographe du XVe siècle, qui rédigea un traité de navigation avant de prendre la barre pour Vasco de Gama.

Grand luxe

▶ **Quand y aller ?**
En décembre et en janvier, le climat est doux et agréable. C'est aussi la période des migrations de gnous, buffles et zèbres dans le sud du Serengeti. Entre juillet et octobre, le Tarangire attire de gros troupeaux de buffles, ainsi que des girafes et des lions.

Parc national Serengeti

▶ **11 jours**

▶ **D'Arusha à Zanzibar**

Pour qui ? Pourquoi ?

Pour les voyageurs qui aiment conjuguer aventure, exotisme et confort total, ou ceux qui voudront retrouver l'atmosphère d'un roman de Karen Blixen.

Inoubliable...

▸ *Chiner une belle antiquité makondé à Arusha.*

▸ *Survoler le Serengeti en montgolfière, au coucher du soleil.*

▸ *Dormir dans une suite baroque installée dans un baobab.*

▸ *Déguster un dîner gastronomique dans la savane, sous l'œil des girafes.*

Tanzanie
Les Big Five vus du ciel

La sensation de l'infini... Découvrir la brousse autrement, avec un œil d'aigle, en appréhender toute la beauté sauvage et la vaste palette de teintes, suivre les grandes taches mouvantes des troupeaux de mammifères qui déroulent derrière eux des nuages de poussière rouge. Voir de ses propres yeux les fameux Big Five, ce panthéon des savanes qui compte dans ses rangs le lion, le léopard, l'éléphant d'Afrique, le rhinocéros et le buffle d'Afrique. C'est l'exercice de la nature à son plus fort, une vraie danse de la vie exécutée par ces créatures fascinantes revenues de notre imaginaire enfantin. Puis le soleil tombe et avec lui le rideau du spectacle, mais votre suite au sommet d'un baobab se fait loge sous les projecteurs des étoiles, qui jettent la plus douce des lumières sur les neiges du Kilimandjaro.

Artisanat makondé

Parc national du Tarangire

Survoler le Kilimandjaro

C'est une expérience ultime que certains privilégiés pourront s'offrir, mais pour quels souvenirs : survoler le toit de l'Afrique en avion Cessna et pouvoir admirer la caldeira du Kilimandjaro sacrée pour les Masais. Au départ de l'aérodrome d'Arusha, on surplombe tout d'abord le parc national du même nom, voyant la végétation muer de savane en forêt tropicale, puis en forêt alpine avant que celle-ci se raréfie et ne devienne une lande aride. Passé cette zone, on approche du sommet, alors qu'une mer de nuages cerne le mont Kibo et le pic Uhuru, point culminant du Kilimandjaro à 5 895 m. Le spectacle sur la calotte glaciaire nimbée de soleil est alors total.

Buffle

les branchages, les hyènes défendent leur charogne tout crocs et griffes dehors.

Itinéraire

Jour 1
Arusha – Lac Manyara

La capitale des safaris du Nord, dominée par l'imposant mont Meru, est située à moins de 60 km au sud-ouest du Kilimandjaro. De là, il est aisé de se rendre au pied du sommet de l'Afrique pour en contempler la solennelle splendeur ou de partir en excursion guidée au lac Manyara, sanctuaire de prédilection pour des millions de flamants roses.

Jours 2 et 3
Parc national Serengeti Ouest

Quittez Arusha vers l'aérodrome pour un vol en avion-taxi vers le Serengeti. Un moment inoubliable lors duquel se dévoile l'immensité de ce parc considéré à juste titre comme le plus beau de toute l'Afrique. En plein vol, le bout du monde semble à peine ébauché alors que la savane se confond avec le ciel dans les brumes de l'horizon lointain. Les gazelles partent en expédition, les girafes tendent le cou vers

Jour 4
Serengeti Est

L'aube encore violette, quittez votre *lodge* pour une expérience hors du commun : un survol des plaines du parc en montgolfière pour une durée d'une heure et demie. Peu à peu, la vie reprend sous votre vaisseau gonflé d'air. Qu'on songe une seconde à cette arche de Noé providentielle : 1 600 000 gnous, 250 000 zèbres, 100 000 buffles, 3 500 lions, des chiffres qui donnent le vertige à l'instar de la vision du globe solaire qui s'éveille à son tour, baptisant la savane d'une chaude lumière. Le retour sur la terre ferme ne sera pas un crève-cœur pour autant : avant d'aller observer les rhinocéros noirs, un petit

Grand luxe

Lodge du Ngorongoro

Cratère du Ngorongoro

Zanzibar

Grand luxe

déjeuner au champagne vous attend, dressé comme un festin romain. Suite de la journée sur un hamac, dans votre bain à remous privé, ou derrière le volant d'un *ranger* prodigue en histoires.

Jours 5 et 6
Cratère du Ngorongoro

C'est la plus grande scène du monde, qui accueille jusqu'à 2 millions de figurants poilus ou emplumés durant la saison sèche. Cette caldeira, large de 22 km au plus vaste, est tout autant un miracle de biodiversité faunique que le symbole du plus parfait équilibre entre les espèces. Un lieu d'harmonie entre les marécages peuplés d'hippopotames et de grues cendrées et la savane où antilopes et zèbres tentent de semer le roi des animaux. Au sommet de la crête, la

Zèbres et gnous en migration

décoration baroque du *lodge*, niché dans les feuillages, étonne, puis ravit. Un cocon de luxe fait de lustres de Murano et de velours pourpre. Enfin, dîner sous les étoiles avec en contrebas la lente procession des buffles entrant sur scène à leur tour.

Jour 7
Parc national du Tarangire

Au cœur de l'immense steppe masai, le Tarangire est une plaine verdoyante ponctuée de baobabs dans sa partie nord. Pendant la saison des pluies, des processions d'éléphants suivent religieusement un jeu de piste invisible qui les mène le long des points d'eau, et notamment sur la rivière principale du parc. C'est alors que, couronnés de cornes effilées, surgit des bosquets épars un régiment d'oryx

à la silhouette massive et élégante. Ces moments uniques, vous pourrez les immortaliser en compagnie d'un photographe de brousse professionnel qui passera la journée avec vous et vous enseignera les meilleures techniques de prises de vues.

Jours 8 à 11
Arusha – Zanzibar

Aujourd'hui, vous rejoindrez un petit coin de paradis. À Zanzibar, l'air est parfumé d'épices, les plages sont en sucre en poudre, le soleil est une caresse sans fin. Après avoir fait votre nid dans les coussins à l'ombre des cocotiers, dînez d'une langouste fraîchement pêchée et de fruits exotiques à The Rock, restaurant intimiste perché sur un rocher dans l'océan Indien.

La Tanzanie
à la carte

République unie de Tanzanie

Capitale Dodoma

Langues officielles Kiunjuga (swahili de Zanzibar), anglais

Religions Islam, christianisme, animisme

Étiquette N'achetez pas d'ivoire sur les étals ou dans les commerces ; sa vente est normalement interdite.

Un plat Le *pilau*, plat de riz épicé qui s'accompagne de viande ou de poisson.

Une personnalité Mathias E. Mnyampala, poète d'expression swahilie dont l'œuvre est d'inspiration théologique.

Grand luxe

Parc national des lacs de Plitvice, Croatie

Randonnée

Voyager en liberté, à pied ou à vélo,
sur des sentiers mythiques ou méconnus.

Randonnée

▶ **Quand y aller ?**
La zone caraïbe tout entière étant en proie aux cyclones qui s'abattent entre juillet et novembre, partez en hiver, au climat moins humide et accablant.

Vallée de Viñales

▶ **10 jours**

▶ **De La Havane à Remedios**

Pour qui ? Pourquoi ?

Avec ses paysages de plantations, ses vallées et ses parcs nationaux, Cuba se prête parfaitement à la randonnée à vélo. La faible circulation sur les routes permet sans problème de rallier une série de villes coloniales pour découvrir une culture authentique et envoûtante.

Inoubliable…

▸ *Passer une soirée dans un café jazz de La Havane et se faire plein d'amis !*

▸ *Fumer un authentique « barreau de chaise » au cœur des plantations de Viñales.*

▸ *Affronter courageusement les pavés de chaque ruelle du vieux Trinidad à vélo.*

▸ *Prendre une demi-journée pour découvrir les cayos tropicaux de la côte nord.*

Cuba
Terres du Che sur deux roues

Découvrir Cuba autrement… Son âme est musique et nul doute que les hommes et les femmes là-bas n'ont de jambes que pour danser. L'île est toujours en rythme, au fond des plantations de tabac où l'on devise à l'ombre des portraits du Che, ou dans les ruelles de Trinidad, ces longs arcs-en-ciel de pierre. On sirote le rhum, ambré comme la peau des Cubains, en se laissant séduire par la vieille Havane et ses trésors : dans une cave la joie éclate, dans un café les volutes de cigares dessinent une partition. Il faut visiter Cuba avec tous ses sens au garde-à-vous, car en perdre une miette c'est passer à côté de tout un monde. Oubliez le stress : des routes vallonnées ou au cœur des villes, c'est bien à vélo qu'on savoure le mieux ce chemin du bonheur.

La Havane

Les casas particulares

Mode d'hébergement en plein essor à Cuba depuis la fin des années 1990, c'est avant tout le plus sûr moyen de rencontrer les Cubains dans leur quotidien. Le principe est simple : louer une chambre chez l'habitant, à la manière d'une maison d'hôtes, souvent bien moins chère que l'hôtel (le prix d'une nuitée en *casa* peut être trois fois moindre pour un confort équivalent). Les repas peuvent être proposés en sus ; profitez-en pour manger comme un vrai Cubain ! Si le régime des *casas* est strictement encadré par le gouvernement, qui y voit un manque à gagner pour le parc hôtelier de l'île et impose une taxe mensuelle à payer par les propriétaires louant des chambres, le voyageur y trouve une vraie chaleur humaine et un authentique sens de l'accueil. Et de la petite maison de campagne au manoir colonial au centre-ville, les options sont infinies.

Itinéraire

Jours 1 et 2

La Havane

Décrépite et splendide, La Havane est une aventure humaine avant toute chose. Votre vélo se fraiera un chemin entre les *bicitaxis*, ces *tuk-tuk* à moteur qui ressemblent à de gros œufs jaunes, pour vous emmener le long du Malecón, le front de mer où les jeunes roucoulent et les orchestres s'ébauchent. Dans La Habana Vieja, les façades écroulées d'où sourd la *salsa* succèdent aux cafés qui se vantent tous d'avoir inventé le *mojito*. Ne manquez pas non plus le Musée de la Révolution, encyclopédie des luttes sociales, qui abrite notamment un tank soviétique et les godillots de Castro.

Jours 3 et 4

Vallée de Viñales

Après un trajet en bus vers l'ouest, on atteint Viñales, curieux amalgame paysager de pitons calcaires aux bosses douces, les *mogotes*, et de plantations de tabac à perte de vue. La terre y est si rouge qu'elle semble avoir été dépecée, mais quel plaisir d'humer les senteurs de *habanos* entre les troupeaux nonchalants de biquettes et de vaches. Pour un panorama complet de la vallée, mieux vaut faire la boucle depuis Mina La Constancia et Puerto Esperanza pour revenir par San Vicente.

Jour 5

Cienfuegos

Passé français et architecture néoclassique italienne font de Cienfuegos un miracle de beauté urbaine, classée au patrimoine mondial de l'UNESCO. Les

Randonnée

Iglesia Mayor, Remedios

Sancti Spíritus

La Havane

Vallée
de Viñales

Cienfuegos

Guajimico Trinidad

Remedios

Sancti Spíritus

Océan Atlantique

Camagüey

Holguín

CUBA

Santiago
de Cuba

Mer des Caraïbes

rues du centre, vers le parc Martí, sont perpétuellement animées par les joueurs de sax et les cours de danse afro-cubaine improvisés, délectables mélanges de *chicas* à la hanche leste et de visiteurs maladroits. Direction ensuite Punta Gorda, où paradent anciens casinos et villas aristocratiques avec, en tête, la meringue du Palacio de Valle, patchwork kitsch de styles mauresque, vénitien et roman.

Jour 6

Guajimico

Après la visite du luxuriant jardin botanique de Cienfuegos, on suit une route rurale vallonnée bordée de palmiers pour arriver à Guajimico, petit bras de mer encaissé et propice à la pratique du kayak, de la plongée avec tuba ou d'une excursion en catamaran pour profiter des hauts fonds limpides de la côte.

Jours 7 et 8

Trinidad

La route de Guajimico à Trinidad, le long de la côte Caraïbe, est balisée de petites plages et criques pour autant de pauses soleil entre deux coups de pédales. Arrivé à Trinidad, vous voilà d'emblée plongé dans une atmosphère au goût sucré ; la production de sucre de canne fut longtemps la principale ressource économique de la région, comme on peut le voir dans la vallée toute proche de Los Ingenios. En témoigne le centre historique de la ville, qui semble flambant neuf 300 ans après son édification, avec ses petites maisons colorées, ses églises baroques et ses arches aux balcons fleuris. Immanquables : l'élégante Plaza Mayor et le fastueux Musée romantique, décoré de cristaux de Bohème

Trinidad

et de fines fresques murales. Non loin de la ville, conduisez votre monture d'acier vers Playa Ancón, pour un peu plus de douceur tropicale.

Jour 9

Sancti Spíritus

Plus grande que Trinidad, Sancti Spíritus est aussi plus provinciale et plus hétéroclite dans son décor. C'est sûrement dans cette ville un peu délaissée par les touristes que vous ferez les rencontres les plus authentiques, à la faveur du tohu-bohu qui règne dans le parc Serafín Sánchez, centre de la vie culturelle locale, bordé de riches demeures coloniales. Les *paladares*, ces petits restaurants typiques, abondent dans les ruelles toutes proches.

Jour 10

Remedios

Une dernière portion de route mène à Remedios, ancienne cible favorite des pirates des Caraïbes. On y visite la somptueuse Iglesia Mayor et ses 13 autels finement restaurés, décorés de feuilles d'or. Sur la Plaza Mayor, dessinée selon le modèle traditionnel espagnol, gloriettes et palmiers égayent les bâtiments solennels. Remedios est surtout connue pour ses festivités de Noël, mentionnées dès le début du XVIIe siècle. Ces *parrandas* voient la confrontation bon enfant de deux quartiers «rivaux» qui s'affrontent dans les rues principales. Vagabondez dans la campagne toute proche pour goûter à la véritable Cuba rurale, là où le souvenir du Che s'invite encore sur les grands panneaux de propagande.

Cuba à la carte

République de Cuba

Capitale La Havane

Langue officielle Espagnol

Religion Catholicisme (60% de la population est baptisée pour seulement 2% de pratiquants).

Étiquette Si vous ne souhaitez pas louer un vélo à chaque étape, il est tout à fait possible d'emporter le vôtre dans le bus pour les longs transferts. Mentionnez-le à l'achat de vos titres de transports locaux.

Un plat Le *mojito*, cocktail à base de rhum blanc, feuilles de menthe, sucre de canne, jus de lime et eau gazeuse.

Une personnalité Ernesto «Che» Guevara, révolutionnaire marxiste qui bouleversa l'histoire du pays au XXe siècle.

Randonnée

113

▶ **Quand y aller ?**
La période faste pour visiter l'Irlande se tient entre mai et septembre : moins de vents froids et de pluie, plus d'animation dans les villes et une nature bien plus verdoyante sont alors au programme.

Croagh Patrick

Randonnée

▶ **8 jours**
▶ De **Dublin** à **Galway**

Pour qui ?
Pourquoi ?

Voyager en Irlande, c'est se mettre au vert dans une nature paisible et changeante, mais c'est aussi partir à la rencontre d'un peuple toujours prêt à communiquer sa joie de vivre proverbiale.

Inoubliable...

▷ *Faire un tour de kayak sur les lacs du Connemara en fin de journée, quand le ciel s'embrase et se reflète dans les flots.*
▷ *Atteindre le sommet du Croagh Patrick, symbole de fierté nationale et quintessence de la randonnée en Irlande.*
▷ *Prendre part au festival de musique de Galway, qui se tient à la mi-mai et qui célèbre les genres folkloriques du XIIe au XVIIIe siècle.*
▷ *Visiter Kylemore et se plonger dans l'atmosphère du Rebecca d'Hitchcock.*

Irlande
Connemara et îles d'Aran

On voudrait gambader sur chacun de ses chemins, soulever chaque pierre pour trouver un trésor de lutin, partir à l'assaut de toutes ses îles jetées à la mer. L'Irlande enflamme l'imagination avec son folklore aussi riche que fêtard et ne laisse pas de répit aux voyageurs qui la découvrent au fil des randonnées. Des vestiges celtiques aux villages côtiers en passant par les châteaux ceints de brume, cédez au charme fou de l'île d'Émeraude, égayée du pourpre de la bruyère sauvage et des grandes taches blanches des troupeaux de moutons... L'Irlande, on l'aime à pleins poumons !

Temple Bar, Dublin

Vieux phare, Clare Island

Îles d'Aran

Itinéraire

Jours 1 et 2

Dublin

La capitale irlandaise arbore fièrement son titre d'une des villes les plus festives d'Europe. Une tournée des pubs de Grafton Street ou dans le quartier de Temple Bar, sanctuaire de la bière *stout*, permettra de vous mettre en jambes pour aller visiter les fières cathédrales de Christ Church ou St Patrick, avant de prendre une pause au bord du fleuve Liffey, bordé de belles façades georgiennes.

Jour 3

Vallée de Delphi – Connemara

Enchaînement de lacs et de montagnes satinées de bruyère, les paysages tant contés du Connemara sont traversés d'un souffle puissant. Les randonnées vous mèneront de tourbières en croix mégalithiques en passant par de pittoresques villages de pêcheurs. Empruntez la Sky Road à Clifden pour vous offrir de superbes panoramas sur l'Atlantique.

Jour 4

Croagh Patrick

Indispensable ascension de cette montagne sacrée et lieu de pèlerinage pour les

Irlandais. Du sommet, la vue sur Clew Bay et le Connemara est à couper le souffle.

Jour 5

Clare Island

Un ferry vous emmènera sur Clare Island, île sauvage toute en falaises déchiquetées et en landes balayées par les vents. À voir : le château de Grace O'Malley, reine des pirates au XVIe siècle, et le vieux phare transformé en *bed and breakfast* tout confort.

Jours 6 et 7

Îles d'Aran

S'il fallait résumer l'Irlande à une seule image, ce serait celle des îles d'Aran :

Randonnée

Galway

La campagne irlandaise

Randonnée

Mer du Nord

IRLANDE DU NORD (ROYAUME-UNI)

Belfast

Clare Island

Croagh Patrick

Connemara

Îles d'Aran

Galway

Limerick

IRLANDE

Dublin

Mer d'Irlande

Cork

Mer Celtique

Les leprechauns

Les *leprechauns* sont des créatures mentionnées dans le folklore irlandais dès le VIIIe siècle. Ils prennent la forme d'un vieil homme de petite taille, vêtu de vert et coiffé d'un chapeau, amateur de musique et cordonnier à ses heures. Esprit malicieux et sournois, il est perpétuellement en quête d'or qu'il cache dans un chaudron au pied d'un arc-en-ciel. Sa proie favorite ? L'homme qu'il considère idiot et à peu près aussi cupide que lui. L'un de ses passe-temps est donc de lui jouer des tours afin de lui voler quelques pièces. Très présents dans la culture irlandaise, vous les verrez partout, sur les enseignes des pubs, sur les boîtes de céréales ou de bonbons, en peluche ou en tire-bouchon… Dublin leur a même dédié un musée, le Leprechaun National Museum.

Abbaye de Kylemore

murets de pierres à Inis Oirr, fort proto-historique de Dun Aengus à Inis Mor, falaises vertigineuses où nichent des milliers d'oiseaux. C'est à 20 km de la baie de Galway que vous ferez les plus belles balades du séjour. Découvrez en prime les fondements de la culture celtique irlandaise au travers de joutes poétiques, de concerts folkloriques ou de festivals de danse qui animent l'archipel tout l'été.

Jour 8

Galway

Ruelles pavées et patine des bars d'habitués, voilà tout le charme de Galway. Jouissant d'une croissance exponentielle depuis 15 ans, la ville fait en outre honneur à son patrimoine historique chéri comme un doyen plein de sagesse, comme en témoignent la cathédrale de l'Assomption ou l'église St Nicolas. Plus au nord, on découvre l'abbaye de Kylemore, qui, avec ses créneaux gothiques dressés au bord du lac, est l'archétype même d'un décor de drame romantique.

L'Irlande
à la carte

République d'Irlande

Capitale Dublin

Langues officielles Irlandais et anglais

Religion Catholicisme

Une tradition Les Irlandais préfèrent se retrouver au pub, lieu de socialisation par excellence, plutôt que chez eux.

Un plat Le *boxty*, crêpe de pomme de terre qui peut être fourrée de viande et frite à la poêle.

Une personnalité Enya, chanteuse pop New Age à la carrière prolifique et internationale.

Randonnée

Randonnée

▶ **Quand y aller ?**
Entre mai et octobre, soleil et chaleur sont toujours au rendez-vous. Et l'été n'est qu'une succession de manifestations culturelles, festivals de musique ou folkloriques, des grandes villes de la côte aux villages plus reculés.

▶ **13 jours**

▶ **Du parc national de Paklenica à Dubrovnik**

Parc national de Krka

Pour qui ?
Pourquoi ?

Réceptacle de cultures diverses (romaine, ottomane, vénitienne...), la Croatie parle aux amateurs d'histoire et de jolies vieilles pierres. Mais que cela ne vous empêche pas de profiter de paysages qui figurent parmi les plus séduisants de toute la Méditerranée !

Inoubliable...

▶ *Randonner entre cascades et lacs dans le parc national des lacs de Plitvice.*

▶ *Visiter Trogir et son fabuleux centre historique.*

▶ *Sillonner Brač, entre oliveraies et villages pittoresques.*

▶ *Découvrir Dubrovnik, perle dalmate et l'une des plus belles villes d'Europe.*

Croatie
Parcs nationaux et îles dalmates

Véritablement « née » dans les guides de voyage au début de ce siècle, la Croatie révèle peu à peu toutes ses merveilles aux voyageurs. Et pour tous les souvenirs uniques qu'elle nous promet, la traverser en sauts de puce serait un crime. Au contraire, il faut donner à nos pieds le temps de se baigner dans l'Adriatique turquoise, de fouler les sentiers de Hvar et Brač, de s'attarder sur des remparts médiévaux à Korčula ou Dubrovnik. Il faut presque y voyager au ralenti, et même s'essayer à remonter jusqu'aux âges où la côte dalmate valait tout l'or du monde, pour les empereurs romains, les doges de Venise ou les producteurs de lavande.

Île de Korčula

Trogir

La Moreška à Korčula

C'est l'un des plus vieux festivals de tout le pays, qui trouve sa naissance à l'orée du XVIIe siècle. Représentant à l'origine les combats entre chrétiens et Maures durant la période de la Reconquista espagnole, ce simulacre de lutte à l'épée figura ensuite les Turcs comme héros lors de l'occupation ottomane dans les Balkans. De nos jours, on y voit plutôt une symbolique du bien contre le mal. L'histoire relate la délivrance d'une jeune vierge capturée par le Roi noir, le tout étant prétexte à une danse costumée à l'épée qui oppose les deux clans. Les familles des acteurs participant à ces joutes très chorégraphiées en tirent une grande fierté de par la dimension historique de l'événement. L'attrait touristique en a fait un spectacle quasi hebdomadaire et l'une des spécialités incontournables de Korčula.

Qu'on enjambe les passerelles de rondins ou qu'on suive les sentiers forestiers, y randonner est un délice. Découvrez le parc autrement, en petit train baladeur ou même en bateau électrique sur le lac Kozjak.

Itinéraire

Jour 1

Parc national de Paklenica

Avec 180 km de sentiers qui serpentent dans ses canyons, gorges et forêts, Paklenica a tout pour plaire aux randonneurs. Certaines parois karstiques atteignent 400 m de hauteur, notamment dans le secteur de Velika. On trouve aussi dans le parc une immense grotte, Manita Peć, avec deux salles aux dimensions titanesques.

Jour 2

Parc national des lacs de Plitvice

On l'appelle le jardin de l'Europe pour sa beauté naturelle, tel le chef-d'œuvre d'un artiste paysager naturaliste. Plitvice est une succession de 16 lacs, 92 cascades vert émeraude, torrents et cavernes dans un décor on ne peut plus bucolique.

Jour 3

Zadar – Parc national de Krka

Sous la férule des Grecs, des Goths, des Byzantins et des Vénitiens, Zadar s'est dotée d'un riche patrimoine historique qu'on peut admirer sur la presqu'île quadrangulaire. Quelque 50 km plus au sud, le parc de Krka abonde en bassins naturels dans lesquels se déversent quantité de cascades. Pour en apprendre davantage sur l'histoire de la région, faites un détour par les anciens moulins reconvertis en écomusée.

Randonnée

Parc national des lacs de Plitvice

Dubrovnik

SLOVÉNIE   HONGRIE

Zagreb

Parc national des lacs de Plitvice   **CROATIE**

Parc national de Paklenica

Zadar

Parc national de Krka

BOSNIE-HERZÉGOVINE

Mer Adriatique

Trogir   Split

Parc national de Mljet

Brač

Île de Hvar

Korčula

ITALIE

Dubrovnik

Monastère, parc national de Mljet

Jour 4

Trogir

Plus de 2 300 ans, c'est l'âge de cette vénérable cité qui aligne clochers romans et palais Renaissance sur son front de mer. Si la cathédrale Saint-Laurent et le fort Kamerlengo sont deux icônes de la ville, ne faites pas l'impasse sur Okrug, plage très prisée de l'île de Ciovo, à 5 km du centre historique.

Jour 5

Split

Ancienne retraite de l'empereur Dioclétien, qui y fit bâtir un palais monumental, puis possession vénitienne au Moyen Âge, Split est aussi le point de départ de nombreuses randonnées dans l'arrière-pays ou sur la côte, à commencer par la forêt de pins de Marjan, où flottent de subtils arômes sylvestres. Les acharnés de la marche partiront quant à eux à l'assaut du mont Mosor, l'un des sommets des Alpes dinariques, quadrillé de sentiers muletiers.

Jours 6 et 7

Brač

Tournée vers la mer mais minérale avant tout, l'île de Brač est une étape essentielle de la Dalmatie : plages de Postira ou Murvica, musée historique à Škrip, panoramas époustouflants depuis Vidova Gora, le sommet de l'île. Enfin, on ne résiste pas au charme du port de Supetar, qui abrite les meilleurs restaurants et tavernes de Brač.

Jour 8

Île de Hvar

On s'éloigne vite de la frénésie jet-set qui caractérise les côtes de Hvar pour rallier les terres intérieures : l'île prend alors un nouveau visage avec ses champs de lavande, ses oliveraies centenaires et ses villages typiques comme Zastražiće ou Vrisnik, où le tissage de la dentelle et les couvents des Sœurs bénédictines rythment la vie locale. Montez au sommet de l'île, au Sveti Nikola, pour vous offrir une vue incomparable sur l'archipel dalmate.

Jours 9 et 10

Korčula

Nichée dans une région qui multiplie les atouts de séduction avec ses plages, criques secrètes et coteaux tapis-

Randonnée

Vidova Gora, île de Brač

sés de vignobles, Korčula est un joyau croate constitué d'un archipel de 50 îles. Découvrez son riche héritage patrimonial, des remparts médiévaux aux festivals de danse à l'épée. Aventurez-vous sur les chemins de la côte sud vers le village de Žrnovo et gagnez comme récompense le charme d'une église byzantine intacte ou d'une fermette qui presse l'huile d'olive comme au temps des Romains.

Jour 11
Parc national de Mljet

C'est le charme à l'état pur. Cette île, dont un tiers est classé parc national pour la richesse de sa faune (sangliers, daims et mouflons) et de sa flore (pas moins de cinq types de forêt!), est l'une des plus belles de la côte dalmate. Sur l'une des deux baies

semblables à des lacs salés, émerge l'îlot Sainte-Marie, où fut édifié au XIIe siècle un monastère dominicain, empreint de paix mystique et intemporelle.

Jours 12 et 13
Dubrovnik

Au terme d'une impressionnante campagne de restauration après la guerre d'indépendance croate, Dubrovnik renaît de ses cendres, et ses remparts immaculés se reflètent à nouveau dans l'Adriatique turquoise. Du palais Sponza à la cathédrale de l'Assomption en passant par l'élégant Stradun, arpenter les ruelles de la vieille ville est un voyage dans l'histoire. Visitez la forteresse pour avoir les plus beaux panoramas sur la ville et gardez en mémoire tout le charme de la terre croate.

La Croatie
à la carte

République de Croatie

Capitale Zagreb

Langue officielle Croate

Religions Catholicisme (88%), christianisme orthodoxe (4%), islam (1%)

Étiquette Le camping sauvage, tout comme le fait de passer la nuit dans son véhicule pour éviter des frais d'hébergement, est sévèrement puni par la loi.

Un plat La *pasticada*, ragoût de bœuf cuit dans du vin rouge, accompagné de gnocchis et très prisé en Dalmatie.

Une personnalité Nikola Tesla, ingénieur de la fin du XIXe siècle qui marqua la technologie moderne par ses travaux et les quelque 300 brevets qu'il déposa.

Randonnée

121

Désert des Wahibas

Randonnée

► **8 jours**
► **Boucle au départ de Mascate**

Pour qui ? Pourquoi ?

Oman a le vent en poupe depuis peu. On y découvre une culture raffinée et les vestiges de plusieurs civilisations, le tout disséminé dans des paysages toujours superbes. Le voyageur amateur de nouveautés succombera d'emblée à cette destination encore épargnée par les foules touristiques.

Inoubliable...

► *Le souk de Nizwa et ses merveilles : tapis, bijoux, ferronnerie d'art...*

► *Dormir dans un camp du désert des Wahibas, au cœur des dunes gigantesques.*

► *À Sur, faire une croisière en dhow, embarcation omanaise traditionnelle.*

► *Se faufiler dans l'étroit Wadi Tiwi pour atteindre les piscines naturelles.*

Oman
Au cœur d'un conte arabe

Depuis peu, Oman s'est réveillé et tourne à nouveau son regard vers le monde. Terre de navigateurs et de marchands depuis toujours, le royaume de Sinbad cultive son héritage perse, indien et arabe dans un subtil mélange de saveurs orientales que n'auraient pas renié les Rois mages. On retrouve ces influences au hasard des forts imprenables, des déserts mystérieux et des souks débordant de trésors qui n'ont de cesse de séduire les voyageurs épris d'exotisme. De Mascate aux dunes des Wahibas, ce charme opère au rythme de randonnées qui traversent des paysages tour à tour inexorablement arides ou d'une totale luxuriance.

Souk de Mascate

Tente dans le désert

Nizwa

Itinéraire

Jours 1 et 2

Mascate

Ville de trésors, la capitale omanaise séduit immédiatement : de la mosquée du sultan Qaboos, rêve des *Mille et Une Nuits*, au musée de Bait Al Zubair, qui présente des collections de bijoux anciens, gravures colorées et tenues royales. Dans le souk de Muttrah, humez l'encens qui embaume les allées tapissées de tentures aux motifs ésotériques.

Jour 3

Jebel Akhdar

On l'appelle la montagne verte. Les sentiers de randonnée sinuent entre vergers de pêches, grenades et abricots. Serait-ce le jardin d'Éden ? Découverte ensuite de Birkat al-Mawz, la vallée des bananes qui prospère dans une immense palmeraie où muletiers et orfèvres poursuivent le même labeur depuis des siècles.

Jour 4

Plateau de Sayq – Nizwa

Entre villages, nids d'aigle et grandes grappes de rosiers accrochés à la montagne, découverte du pays Sayq qui nous amène jusqu'à Nizwa et son imposant fort du XVIIe siècle. C'est au vieux souk qu'on trouve l'artisanat le plus prolifique du pays, notamment les kandjars, ces dagues d'argent ciselé portées fièrement par les guerriers.

Jours 5 et 6

Wadi Muaydeen – Désert des Wahibas

Belle randonnée à travers le Wadi Muaydeen, qui peut s'agrémenter de pauses baignade. On rejoint ensuite le mythique désert des Wahibas et ses dunes géantes de sable ocre, entre lesquelles on chemine comme des lilliputiens. Arrivée au camp pour déguster

Randonnée

Chantier de *dhows*, Sur

Wadi Tiwi

Fort de Nakhal

Randonnée

Golfe d'Oman

• Dubaï

ÉMIRATS
ARABES
UNIS

Mascate

Jebel Akhdar
Wadi Shab
Nizwa
Wadi Tiwi
Sur
Ras al-Hadd

ARABIE SAOUDITE

Désert des Wahibas

OMAN

Mer d'Arabie

Les forts de la côte de Batina

Cette portion du littoral nord d'Oman contribua longtemps à la prospérité du commerce du sultanat. Entre les montagnes escarpées de la chaîne Hajar et les flots du golfe Persique, on part à la découverte d'une succession d'anciennes cités prestigieuses. À commencer par Sohar, ancienne capitale du pays et port mythique de Sinbad le marin, où trône un fort immaculé – une exception dans le paysage des citadelles d'Oman. On longe ensuite la côte pour arriver à Barka et son fort restauré, au pied duquel ont lieux les traditionnels combats de taureaux. Puis c'est Nakhal, dont le fort perché au sommet d'un énorme rocher est sûrement l'un des plus beaux de tout le pays : une enfilade de cours, salles d'apparat et chemins de guet d'où pourraient surgir Shéhérazade ou Aladin. Non loin de là, des sentiers de randonnée pénètrent dans la montagne au fil de la source d'A'Thorwara, qui jaillit dans un oued pour former une oasis pleine de fraîcheur.

le méchoui qui nous attend, alors que débute un spectacle bédouin sous le ciel mauve du crépuscule.

Sur – Ras al-Hadd

Port marchand depuis la nuit des temps et hérissé de minarets et de phares, Sur a conservé tout le charme des vieilles cités arabes. On admire les élégantes arabesques qui ornent les maisons près du souk, avant de visiter un chantier de *dhow* (boutres), les bateaux traditionnels omanais. Et pourquoi ne pas céder à la tentation d'une croisière vers Ras al-Hadd au coucher du soleil, lorsque la ville entière semble nimbée d'or ?

Wadi Tiwi – Wadi Shab – Mascate

Enserrée par les hautes murailles d'une gorge étroite, la route d'eau qui tapisse le fond du Wadi Tiwi vous mènera en quelques brasses jusqu'à une idyllique piscine naturelle bordée de végétation luxuriante. D'autres bassins de pierre vous attendent à Wadi Shab, avant que ne se dévoile une grotte au fond de laquelle jaillit une cascade. Sur le chemin de retour vers Mascate, goûtez aux délices de la White Beach, coqueluche balnéaire des Omanais.

Oman
à la carte

Sultanat d'Oman

Capitale Mascate

Langue officielle Arabe (**autres langues :** anglais, baluchi, urdu)

Religions Islam, hindouisme

Étiquette Ne photographiez pas les femmes voilées.

Un plat Le *kahwa*, café aromatisé à la cardamome que l'on boit en grignotant dattes et *halwa* (nougat arabe).

Une personnalité Khalil ibn Ahmad, philologue et écrivain du VIIIe siècle qui composa le premier dictionnaire d'arabe.

Randonnée

Randonnée

> **Quand y aller ?**
> *Entre février et avril, le climat tropical saharien du Cap-Vert est le plus clément car chaud et sec, sans la présence des vents forts de l'Atlantique qui s'abattent sur l'archipel le reste de l'année.*

▶ **6 jours**

▶ **Boucle au départ de Mindelo**

Pour qui ? Pourquoi ?

Les grands marcheurs tomberont amoureux du Cap-Vert, avec ses paysages aussi variés que saisissants. L'archipel conserve aussi une culture locale très préservée qui se découvre avec bonheur.

Inoubliable...

▸ *Se promener dans les rues de Mindelo, véritable patchwork de cultures.*

▸ *Goûter au grog, l'alcool de canne à sucre qu'on retrouve dans les rhumeries de campagne.*

▸ *Emprunter la route de la Corde, qui serpente à travers les montagnes depuis Porto Novo.*

▸ *Assister au retour spectaculaire des pêcheurs à Ponta do Sol.*

Cap-Vert
Escapade au pays créole

Carrefour de cultures depuis des siècles, le Cap-Vert est avant tout une oasis au charme rustique où la nature se prête facilement à la randonnée. On suit un chemin en souhaitant presque ne pas savoir où il va nous mener : sera-ce une plantation de café dévalant les pentes, un village créole de bicoques colorées, une forêt de mimosas au jaune solaire ? Au cœur de ces montagnes parfois arides, souvent majestueuses, on remonte dans le temps pour rencontrer une paysannerie souriante et laborieuse, jusqu'à finir au bord d'un gouffre sur lequel se déchaînent les lames de l'Atlantique ou sur une plage de sable couleur anthracite. Le Cap-Vert, c'est l'histoire d'un voyage dont chaque étape est une épiphanie.

Mindelo

Pêcheurs

Paysage de Santo Antão

Itinéraire

Jour 1

Mindelo

Sur la côte nord de São Vicente, Mindelo abrite 90% de la population de l'île. La ville glisse en douceur vers sa baie, l'une des plus belles du monde, qui respire la paix avec ses centaines de bateaux de pêche sur les flots ondulants. Vous prendrez plaisir à vous perdre dans les rues bordées de façades pastel et ponctuées d'architecture coloniale et sur le front de mer classé par l'UNESCO, avant d'arriver à la Torre de Belém, qui fait écho à sa consœur de Lisbonne.

Jour 2

Porto Novo – Vallée de Ribeira Grande

Après un transfert en ferry vers Porto Novo sur l'île de Santo Antão, route vers la forêt qui frange la ligne de crête puis le village de Corda. Le chemin de randonnée s'aventure alors entre les champs de canne à sucre dans le lit de la vallée de Ribeira Grande. Arrivée dans la bourgade du même nom sur la côte nord, entre mer et montagnes.

Jour 3

Vallée de Chã de Pedra – Coculi

Découverte des vallées de João Alfonso et Chã de Pedra, les poumons agricoles de Santo Antão. On y cultive les mangues, bananes et le manioc sur d'étroites terrasses à flanc de montagne, avec en arrière-plan les pitons acérés couleur chocolat. Hameaux et sentiers panoramiques se succèdent dans une nature terriblement séduisante bien qu'aux accents sauvages. Arrivée à Coculi, où la petite place résonne toujours d'un air de *morna* psalmodiée par les vieux Créoles.

Jour 4

Vallée de Garça – Ponta do Sol

Descendez la vallée de Garça jusqu'aux rouleaux tonitruants de l'Atlantique, avant de longer un chemin pavé de toute beauté en surplomb sur la côte. Au bout vous attendent Fontainhas, sorte de Machu

Randonnée

Retour de la pêche, Ponta do Sol

Ânes porteurs d'eau

BEM-VINDO AO PARQUE NATURAL DO FOGO

Picchu rural et multicolore qui se dévoile au sommet d'une crête, puis Ponta do Sol, port de pêche et authentique défi pour les barques qui s'aventurent au large, tant le littoral semble miné par les rochers affleurants. Dorades, thons, espadons et langoustes sont vendus à la criée à même les bateaux dans une joyeuse cacophonie.

Jour 5

Vale do Paúl

C'est le trésor de l'île : le vert a tapissé les roches brunes au gré des plantations d'orangers, de caféiers et de goyaviers sur des terrasses de fortune, au bord desquelles se dressent tant bien que mal des cabanes au toit de chaume hirsute. Entre montagnes russes et lacets, le

Fogo, l'île volcan

Tout au sud de l'archipel du Cap-Vert, dans les îles de Sotavento, Fogo dresse fièrement le cône de son volcan. L'hostilité du relief, voire sa dangerosité, n'a pas empêché l'homme d'y établir d'abord un avant-poste pour la traite des esclaves, avant de domestiquer une nature féconde : le sol volcanique très riche favorise en effet la culture du café et de la vigne à partir de laquelle est fabriqué un vin local très réputé. Si les panoramas depuis le pied du volcan sont extraordinaires, c'est du sommet de la caldeira que le spectacle devient saisissant : une route mène aux villages perdus de Portela et de Bangaeira et quelques sentiers de randonnée rudimentaires permettent d'approcher le Pico, point culminant de l'île. Au cœur de ces paysages de lave noire et de cactées endémiques éparses, voilà l'une des expériences les plus extrêmes qu'un marcheur puisse vivre.

Route de la Corde

chemin qui semble parfois s'avancer au-dessus des nuages ouatés vous mène à quelques haltes où goûter le *grog*, cet alcool de canne à sucre local.

Jour 6

Route de la Corde – Mindelo

Cligner des yeux sur cette route construite sur d'anciens sentiers muletiers, au temps de l'esclavage, reviendrait à manquer l'extraordinaire diversité de paysages qu'elle traverse : désert lunaire, falaises titanesques, pics couverts de verdure, forêts de mimosas, coulées de lave. Vous rejoindrez alors Porto Novo sur la côte sud-est, avant de reprendre le bateau pour Mindelo.

Ponta do Sol · Ribeira Grande
Coculi
Route de la Corde · Vale do Paúl
Santo Antão · Porto Novo

Mindelo
São Vicente

Océan Atlantique

CAP-VERT

Le Cap-Vert à la carte

République de Cabo Verde

Capitale Praia

Langue officielle Portugais (le créole capverdien est couramment parlé par la population).

Religion Catholicisme

Une tradition Le carnaval de Mindelo à São Vicente, durant lequel on brûle le roi Momo au terme d'un grand défilé coloré.

Un plat La *capucha*, ragoût de maïs et haricots noirs servi avec viande, poisson ou légumes.

Une personnalité Cesária Évora, figure légendaire de la *morna* et de la *coladeira*, deux genres musicaux typiques du Cap-Vert qu'elle a popularisés à travers le monde.

Randonnée

Désert du Wadi Rum, Jordanie

Hors des sentiers battus avec un guide privé

Voyager d'une manière authentique et sereine entre les mains d'un expert de la destination.

Quand y aller ?
Entre janvier et avril, durant la saison sèche, pour profiter du temps le plus ensoleillé. Évitez par-dessus tout la période qui court de mai à août, la mousson entraînant avec elle un taux d'humidité de 95% dans l'air.

Cueillette du thé, Nuwara Eliya

▶ **13 jours**

▶ De **Colombo** à **Tangalle**

Hors des sentiers battus avec un guide privé

Pour qui ? Pourquoi ?

Trop souvent comparé à l'Inde, le Sri Lanka possède pourtant une atmosphère et une culture bien distinctes. C'est une destination idéale pour les voyageurs en quête d'authenticité et d'histoire dans des paysages somptueux.

Inoubliable...

▸ *Découvrir les splendides statues et fresques de Dambulla.*

▸ *Faire un safari à dos d'éléphant dans la jungle.*

▸ *Participer à la cueillette du thé avec les femmes de Nuwara Eliya.*

▸ *Assister aux danses des puja, ces offrandes faites à Kataragama.*

Sri Lanka
Contrastes de Ceylan

Ce petit pays qu'on surnomme la «larme de l'Inde» n'a pourtant rien de triste. Au contraire, la joie et la légèreté sont partout, comme inscrits dans l'ADN des Sri-Lankais. C'est l'île des délices, de la savoureuse cuisine tamoule aux senteurs ensorcelantes des épices. Une terre de couleurs aussi : vert pimpant des plantations de thé, batiks chatoyants égayés d'un sourire innocent, fresques vivantes des sanctuaires bouddhiques. Même le souvenir colonial des Portugais, des Hollandais et des Britanniques est plein de douceur, marié aux traditions profondes des divers cultes et posé délicatement sur les contours de l'île. Un voyage vers une Asie inattendue où l'authentique se pare d'heureuses découvertes.

L'orphelinat d'éléphants de Pinnawela

D'abord situé dans le parc national de Wilpattu avant d'être déplacé au zoo de Dehiwala, l'orphelinat de Pinnawela compte actuellement environ 90 spécimens. Ouvert en 1975 par le département de conservation de la faune au Sri Lanka, l'orphelinat s'est donné pour mission de soigner et héberger les jeunes éléphants trouvés dans la nature. Chassés de leur habitat naturel par l'agriculture ou la déforestation, victimes de malnutrition ou de braconnage, les mammifères sont alors recueillis au sein de cette structure implantée dans une cocoteraie. Les visiteurs peuvent les voir s'ébrouer dans la rivière Maha Oya et même nourrir les éléphanteaux au biberon.

Fresque, Dambulla

Itinéraire

Jour 1
Colombo - Negombo

Direction Negombo dès votre arrivée au pays et visite de cette station balnéaire très prisée pour la beauté de ses plages dorées. Naviguez sur le réseau de canaux qui quadrille la ville, construit par les Hollandais pour le transport des épices et désormais utilisé par les pêcheurs pour l'accès à la mer. Le marché aux poissons à Llelama est d'ailleurs l'un des lieux les plus vivants de la ville.

Jours 2 et 3
Anuradhapura

Visite de la cité sacrée d'Anuradhapura, ancienne capitale du Sri Lanka qui regorge de trésors, testaments d'une brillante civilisation : d'impressionnants *dagoba* blancs mis en valeur par de délicates sculptures sur pierre, le Jaya Sri Maha Bodhi ou arbre le plus ancien du monde (un figuier âgé de 2 000 ans), les Jardins du Plaisir, des ensembles monastiques peuplés de statues, ou encore le monumental stupa de Jetavanaramaya, qui culmine à 122 m.

Jour 4
Dambulla – Parc national de Minneriya

Arrivée à Dambulla, où un des plus beaux sanctuaires du pays s'étend autour d'un rocher creusé de temples-cavernes, le Temple d'Or, dominé par un bouddha solennel. Après avoir assisté à l'initiation de moines novices, visitez les grottes ornées de sompteuses fresques polychromes. Puis, découvrez la verdoyante campagne du Sri Lanka, peuplée d'éléphants, au cours d'un safari dans le parc national de Minneriya.

Jour 5
Hiriwaduna – Polonnâruvâ

Vestiges, nature, et maintenant le peuple, l'un des plus souriants au monde. Des rencontres riches et émouvantes vous attendent au village typique d'Hiriwaduna, où la pêche et l'élevage occupent les habitants depuis des siècles. Baignade dans la rivière, balade en *oruwa*, l'embarcation traditionnelle, ou sieste chez un fermier qui vous offrira un jus de coco. Profitez du répit avant d'enfourcher un vélo pour une

Hors des sentiers battus avec un guide privé

Pêche traditionnelle

Galle

Zostérops de Ceylan

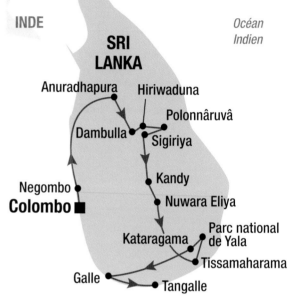

INDE

SRI LANKA

Océan Indien

Anuradhapura   Hiriwaduna

Polonnâruvâ

Dambulla   Sigiriya

Kandy

Negombo   Nuwara Eliya

Colombo

Parc national de Yala

Kataragama   Tissamaharama

Galle   Tangalle

Hors des sentiers battus avec un guide privé

visite bucolique du site archéologique de Polonnâruvâ, chef-d'œuvre des empereurs cholas qui y instillèrent des influences brahmaniques.

Jour 6

Sigiriya

Cette citadelle perchée au sommet d'un rocher qui culmine à 370 m est nimbée de romanesque. Son édification au Ve siècle fut le résultat d'une lutte fratricide entre princes. Plateforme du lion aves ses énormes griffes de pierre, mur incrusté de graffitis antiques et fresques des demoiselles de Sigiriya ne sont que quelques-uns des points d'intérêt du site. Du sommet, embrassez la vue sur les jardins géométriques au pied du rocher.

Jour 7

Kandy

Centre culturel cinghalais du pays, Kandy se niche dans un vallon luxuriant. Outre le Temple de la Dent, qui abrite une relique de Bouddha, il faut découvrir le jardin royal et ses essences rares, l'un des plus beaux au monde, en compagnie d'un guide botaniste. En soirée, excitez vos papilles en savourant un curry tamoul ou laissez-vous ensorceler par la chorégraphie ciselée d'un spectacle de danse kandyenne.

Jour 8

Nuwara Eliya

Un train à vapeur vous emmène ensuite à Nuwara Eliya, station climatique du XIXe siècle cernée de plantations de thé qui dévalent les collines. Baladez-vous dans cet océan vert semé des points aux teintes vives que sont les saris des cueilleuses tamoules. Architecture coloniale britannique, colombages de style Tudor, doux effluves dans l'air, Nuwara Eliya exsude un charme suranné. Sur le chemin, détour par la fabrique de la plantation Pedro, où l'on vous initiera au processus de la fabrication du thé.

Jour 9

Tissamaharama – Parc national de Yala

Cap vers le parc national de Yala, qui présente une variété d'écosystèmes : zones humides, forêts pluviales et réserve

Temple de la Dent, Kandy

aviaire constituent ce trésor naturel réputé pour sa faune variée de léopards, d'ours lippus, d'hippopotames, d'éléphants, de macaques et de crocodiles.

Jour 10

Kataragama

Kataragama est le site d'un sanctuaire cosmopolite où affluent toutes les confessions religieuses du pays : Veddas, musulmans, chrétiens, hindous et bouddhistes arpentent depuis des siècles les rues de cette ville sainte. Un guide théologien vous enseignera les différents rites pratiqués lors des maintes fêtes religieuses qui animent la cité toute l'année.

Jours 11 à 13

Galle – Tangalle

Ancien port portugais puis hollandais, démonstration de la puissance coloniale européenne en Asie, la ville fortifiée de Galle déploie ses galeries d'art et bâtiments baroques ou réformistes sur une presqu'île. Visitez le fort envahi de végétation avant de poser vos valises à Tangalle dans un *lodge* très *British*, sur le bord de mer aux couleurs saturées : le sable est d'or ; l'eau, saphir ; et les cocotiers, de gros bouquets émeraude.

Le Sri Lanka
à la carte

République démocratique socialiste de Sri Lanka

Capitale Sri Jayawardenapura

Langues officielles Cinghalais, tamoul

Religions Bouddhisme theravada, islam, hindouisme, christianisme

Étiquette Il est de coutume d'indiquer à son interlocuteur qu'on reviendra au moment de l'au revoir.

Un plat Le *lamprai*, mélange de riz et de légumes cuits avec du piment qu'on présente dans une feuille de bananier.

Une personnalité Lester James Peries, figure de proue du cinéma sri-lankais et fortement inspiré du néoréalisme.

Hors des sentiers battus avec un guide privé

▶ **Quand y aller ?**
La haute saison, de décembre à mars, est souvent synonyme de masses touristiques, surtout à Bali. Préférez mai ou septembre lorsque les sites et les plages sont beaucoup moins fréquentés ; vous profiterez bien plus de votre séjour !

Puri Saren, Ubud

▶ **15 jours**

▶ De **Yogyakarta** à **Gili Trawangan**

Hors des sentiers battus avec un guide privé

Pour qui ? Pourquoi ?

L'Indonésie est immense, plurielle, fascinante jusque dans ses îles les plus reculées ou moins connues. Voyageurs épris de culture, de spiritualité, de paysages splendides ou simplement de dépaysement, tous adoreront l'archipel des Dieux.

Inoubliable…

▹ Se laisser saisir par la ferveur religieuse et la beauté des rites à Bali.

▹ Vivre un moment unique : le lever du soleil sur les monts Bromo, Semeru et Tengger depuis le belvédère de Penanjakan.

▹ Tout oublier sur les plages de Gili Trawangan !

Indonésie
L'archipel des Dieux

Il faudrait une encyclopédie entière pour présenter la vaste Indonésie. Une myriade d'îles, autant de sourires et de beautés, une bénédiction sans fin pour le voyageur qui, plus que l'exotisme, recherche l'évasion pure. Cet itinéraire a pour vocation de vous initier à un univers à part, éclaté entre volcans turbulents et plages endormies, temples vénérables et traditions mystiques. Mais qu'importe que le déclic se fasse en suivant une procession shivaïte dans Java ou lors d'une balade dans les rizières à Bali, soyez certain que le sort que les Dieux vous ont jeté est imparable : nul n'échappe à la déclaration d'amour de l'Indonésie.

Fabrication de marionnettes, Yogyakarta

Borobudur

Un des nombreux temples de Bali

Itinéraire

Jour 1

Yogyakarta

Creuset de la culture et des arts classiques javanais, Yogyakarta représente surtout toute la mixité indonésienne. Découvrez d'abord le splendide palais du sultan, construit à l'apogée de la cour javanaise, avant d'explorer le marché aux oiseaux, le quartier aux orfèvres de Kota Gede pour y dénicher un kriss ou de beaux bijoux d'argent ciselé, ou encore la rue animée qu'est Malioboro. Le soir, vous serez fasciné par une représentation de *wayang kulit*, spectacle de marionnettes qui miment les épopées hindouistes du Mahabharata et du Ramayana.

Jour 2

Borobudur

Formidable construction, Borobudur est à la fois un stupa, un mandala et un important centre de pèlerinage bouddhique édifié au IXᵉ siècle. Succession de plateformes, galeries étagées et couverts de bas-reliefs délicats qui se dépouillent au cours de l'ascension pour figurer l'atteinte du nirvana, sa réalisation est un sommet de l'art religieux bouddhique. Non loin de là, visitez le complexe shivaïte de Prambanan, édifié à la même époque : c'est le plus grand sanctuaire hindou de tout Java. Quelque 240 temples, la plupart effondrés, encerclent cinq majestueuses tours centrales aux murs sculptés de toute l'épopée du Ramayana.

Jour 3

Yogyakarta – Massif du Tengger

Un train conduit dans la région de Bromo, où prospèrent des villages de montagnards. Balade dans Tosari, au milieu des petites maisons colorées, pour rencontrer les adeptes d'un syncrétisme de bouddhisme, hindouisme et animisme.

Jours 4 et 5

Monts Bromo et Ijen

Avant l'aurore, départ à destination du belvédère de Penanjakan pour assister au lever du soleil sur les monts Bromo, Semeru et Tengger. Dans une atmosphère de matin du monde, les montagnes de feu se précisent sous le ciel d'or. Vous vous dirigerez vers le géant Bromo, qui s'élève

Hors des sentiers battus avec un guide privé

INDONÉSIE

Mer de Java

Java

Borobudur
Massif du Tengger
Surabaya
Gili Trawangan
Kintamani

Yogyakarta

Monts Bromo et Ijen
Pemuteran
Ubud
Lombok

Océan Indien

Bali

Panier d'offrandes

Île de Menjangan

Esprit, es-tu là ?

Avec quelques milliers de déités au compteur, l'Indonésie peut se vanter d'être l'un des pays à la ferveur religieuse la plus importante au monde. Mais ce serait oublier les cultes animistes que l'on retrouve un peu partout, de Sumatra à Sulawesi. Figuiers, cascades, volcans, tout y passe et se trouve être le réceptacle d'un esprit plus ou moins bienfaisant. D'où l'amoncellement d'offrandes que vous verrez parfois au pied des arbres, et les prières égrenées à longueur de temps durant le repiquage du riz. Plus la nature se fait majestueuse, plus elle est l'objet d'un culte assidu, tel le mont Agung, chéri des Balinais (encore davantage depuis qu'une éruption cataclysmique épargna de justesse le temple de Besakih), ou le volcan Rinjani de Lombok, objet d'adoration des Sasaks. Définitivement, en Indonésie, la spiritualité rythme la vie au quotidien.

Hors des sentiers battus avec un guide privé

au cœur d'une mer de sable noir brouillée par les fumerolles. L'excursion en 4x4 avec un guide géologue vers le mont Ijen est un voyage vers un autre monde. On atteint le volcan dans un paysage lunaire, entre geysers sulfuriques et roches craquelées. La piste aboutit à un lac phosphorescent, miroir acide sans reflet, autour duquel s'affairent les mineurs qui transportent les pierres de soufre sur le dos. On redescend noyé d'humilité entre les girofliers et les vanilliers, répit bienvenu pour les sens.

Jour 6

Pemuteran – Parc national de Bali Barat – Île de Menjangan – Pemuteran

Bienvenue à Bali ! Entre forêt tropicale dense, savane et plages de sable blanc,

le parc de Bali Barat est un kaléidoscope naturel. Plus de 160 espèces animales y résident et font résonner la canopée d'un concert invisible de gazouillements et de cris taquins alors que vous pagayez dans la mangrove. Un guide naturaliste vous pointera les plus belles pièces de la flore locale, avant qu'un saut de puce ne vous emmène sur Menjangan, paradis de la plongée avec tuba. À quelques mètres à peine du rivage, un univers de coraux et bancs de poissons fluorescents se dévoile, pure fulgurance visuelle.

Jours 7 à 9

Ubud

Capitale culturelle de Bali, Ubud est une explosion de plaisirs. La ville abrite des centaines de temples, vers lesquels convergent des processions hérissées

de masques flamboyants et de paniers débordant d'offrandes de fruits, fleurs et verroterie pour charmer les dieux. Dans la rue principale, Jalan Raya Ubud, l'animation bat son plein autour des cafés et ateliers d'artisans. Le Puri Saren, ancien palais des rois d'Ubud qui présente une architecture richement ornée autour d'une cour centrale, est un incontournable. Le soir venu, les gamelans s'entendent jusque dans les rizières gardées par des familles de singes rieurs qui règnent d'ailleurs sur leur propre forêt aux portes de la ville.

Jour 10

Kintamani – Volcan Agung

Cogner à la porte des dieux, c'est le programme de la journée. Aventurez-vous vers le village de montagne de Kintamani

Lever de soleil sur le mont Bromo

pour déjeuner devant un panorama grandiose, avant d'entamer l'ascension du volcan Agung, montagne sacrée des hindous et résidence de Shiva. Visite au passage du temple de Besakih, adossé à la montagne et qui étend son élégante forêt de pagodes à l'infini. Entre les portiques sculptés et les terrasses, les effigies divines sont soigneusement vêtues de safran pour vous souhaiter la bienvenue. Descente au village de Putung pour admirer les rizières en terrasse.

Jours 11 et 12
Lombok

Lombok signifie «piment». Tout un programme pour cette splendeur des petites îles de la Sonde qui brille par son authenticité. Dominée par la silhouette fantomatique du volcan Rinjani, jamais complètement assoupi, Lombok cultive la tradition sasak animiste dans les petits villages hors du temps et le long de ses baies édéniques. Détente sur la plage de Kuta, où bronzent les buffles d'eau, ou rando parmi les macaques qui font l'aumône dans la forêt, l'île éblouit à chaque pas.

Jours 13 à 15
Gili Trawangan

Jetées comme de grands ricochets de sable au large de Lombok, les îles Gili conjuguent robinsonnade exotique et farniente total. La voiture y est proscrite et les plages y sont encore sauvages, antichambres ensoleillées vers de fabuleux champs coralliens. Adepte de la plongée, Trawangan est votre rêve devenu réalité.

L'Indonésie
à la carte

République d'Indonésie

Capitale Jakarta

Langues officielles Indonésien, anglais, malais, tamoul

Religions Islam, hindouisme, christianisme, protestantisme

Étiquette Ne vous sentez pas obligé de parler durant un repas avec des Indonésiens, c'est un moment qui se passe souvent de conversation.

Un plat Le *gado gado*, salade relativement épicée de légumes et de pousses de soja qu'on accompagne d'une sauce aux arachides.

Une personnalité Ayu Utami, auteure qui fait dans son roman *Saman* un bilan effronté de l'ère Suharto, et qui contribua à l'éveil d'une conscience populaire.

Hors des sentiers battus avec un guide privé

▶ **Quand y aller ?**
Entre septembre et février, durant la saison sèche. Couvrez-vous néanmoins le soir, car les nuits en altitude sont très fraîches !

Église Bete Giyorgis, Lalibela

▶ **13 jours**

▶ **D'Addis-Abeba à Bahar Dar**

Hors des sentiers battus avec un guide privé

Pour qui ? Pourquoi ?

Les voyageurs éclairés seront comblés en Éthiopie, pays d'une folle authenticité qui dévoile un autre visage de l'Afrique.

Inoubliable...

- *Rencontrer Lucy, notre ancêtre à tous.*
- *Se laisser bercer par les chants polyphoniques dans les églises de Lalibela.*
- *Découvrir le parc du Simien et ses paysages fascinants.*
- *Visiter Axoum, centre religieux et site archéologique d'exception.*

Éthiopie
Au pays des seigneurs d'Axoum

Berceau de l'humanité, l'Éthiopie vibre de toute son âme, fière d'être le seul pays d'Afrique à n'avoir jamais été colonisé. C'est l'héritage des négus, ces lions conquérants dont le souvenir perdure toujours à travers les rythmes rastafaris de Bob Marley qu'on écoute en boucle jusque dans les plus petits villages. Un mysticisme mêlé de tradition, celle qu'on honore dans les églises rupestres de Lalibela sous l'œil des anges aux vives couleurs, ou au pied des sibyllines stèles d'Axoum. Un enchantement aussi, un voyage vers l'immémorial tout en intensité pour découvrir ce bijou de pays.

Le Timqet

C'est l'une des plus importantes célébrations dans le calendrier orthodoxe éthiopien, et un spectacle fortement teinté de mysticisme. Ayant lieu chaque 19 janvier, le Timqet reconstitue le baptême de Jésus-Christ et l'Épiphanie au travers de processions liturgiques dans tous les centres religieux du pays, les plus importantes se tenant à Gondar et Lalibela. Lors de cette cérémonie, des *tabot*, répliques de l'Arche d'Alliance, sont enveloppées dans de grands pans de tissus colorés, retirées des églises qui les abritent le reste de l'année et portées par les prêtres qui circulent parmi les fidèles. La procession s'achève à l'aube au bord d'un lac ou d'une rivière, où commence la bénédiction des foules qui s'immergent dans l'eau pour renouveler leur baptême de manière symbolique. Sur le chemin du retour à l'église, danses et chants débutent, tandis que les familles se rassemblent à la maison pour poursuivre les festivités entre elles.

Tissus au marché

Des *godjo*

Itinéraire

Jour 1

Addis-Abeba

La capitale est une belle introduction au pays. Débutez par la visite de la cathédrale orthodoxe de la Sainte-Trinité à la façade baroque, où repose le « roi des rois », Hailé Sélassié. Puis, voyage aux origines du monde au Musée national, avec la découverte des restes de *Lucy*, vieille de 3,2 millions d'années, en compagnie d'un guide paléontologue, avant de vous rendre au Mercato, plus grand marché à ciel ouvert d'Afrique et authentique festival de sensations.

Jour 2

Kombolcha

La route du nord vous mène d'abord à Debre Berhan, bourgade fameuse pour sa production traditionnelle de tapis de laine, avant de traverser un plateau ondulant tacheté de plantations de manguiers et bananiers. Le village de Sebete est un carrefour commerçant où les Afars, les Oromos et les Amharas échangent toutes sortes de marchandises au marché du dimanche.

Jour 3

Bati – Woldiya

Autre marché, autre décor à Bati entre les alignements de dromadaires chargés de sel, les grandes vasques de céréales et les empilements de tissus aux subtils motifs hauts en couleur. La route traverse ensuite les montagnes verdoyantes du pays Amhara.

Jours 4 et 5

Lalibela

Après un arrêt à l'église de Genete Maryam aux superbes fresques du XIIIe siècle, arrivée à Lalibela, la Jérusalem noire. Ce nom mystérieux cache la plus belle concentration de patrimoine historique d'Éthiopie : un ensemble de 11 églises rupestres édifiées sur ordre du négus Gebra Maskal Lalibela au XIIe siècle, pour permettre aux chrétiens orthodoxes du pays d'avoir leur propre ville sainte. Il en résulta ces églises taillées à même la roche qu'on retrouve dans toute la ville. La plus célèbre est Bete Giyorgis, unique par son plan en croix grecque.

Hors des sentiers battus avec un guide privé

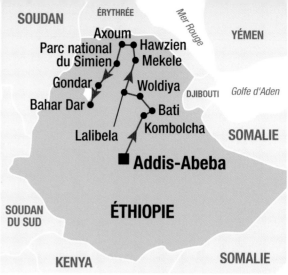

Bahar Dar et le lac Tana

Fresques, église Abreha we Atsbeha

Axoum

Jour 6

Mekele

Journée de route pour rallier Mekele. Sur le trajet, visite de l'église de Yemrehanna Christos, construite dans une grotte, pour admirer le remarquable travail sur bois et les caissons richement décorés qui surplombent les fidèles enveloppés dans leurs *gabi* de coton blanc.

Jour 7

Pays Tigré – Hawzien

Exploration des paysages saisissants du Tigré oriental et notamment de l'église d'Abreha we Atsbeha, véritable joyau de l'art rupestre avec ses scènes bibliques abondamment colorées et ses effigies de saints aux grands yeux innocents. Vous atteindrez ensuite le pays Gheralta et ses majestueuses mesas érodées avant d'arriver à Hawzien. Accueil chez un paysan qui vous narrera les légendes de la région autour d'un bol de *tedj*, sorte d'hydromel.

Jours 8 et 9

Axoum

Sur le chemin d'Axoum, visite du temple de la Lune à Yeha, plus ancien monument connu d'Éthiopie et vestige du royaume D'mt, affilié au mythique royaume de Saba. Puis, la légende reprend le dessus, et l'on part avec un guide historien sur la piste de l'Arche d'Alliance, laissée à Axoum par la reine de Saba à son retour du temple de Salomon à Jérusalem, puis volée et mise à l'abri dans l'église Sainte-Marie-de-Sion. Dans la ville, découvrez un parc de stèles indiquant l'emplacement des tombeaux des souverains de l'Empire axoumite. De cette reine mythique, vous visiterez les ruines du palais, ainsi qu'un musée exposant les couronnes de rois d'Abyssinie, avant de gagner le palais du roi Khaleb.

Jours 10 et 11

Parc national du Simien

Souvent qualifié de paysages les plus spectaculaires au monde, le Simien n'est que majesté brute. La route plantée d'arbres à encens vers Debark tournicote, s'élève puis descend sans cesse au fil des cols, apportant son vertige au voyage. On randonne entre les pics, falaises et

Parc national du Simien

vallons jalonnés de bosquets d'eucalyptus. Ici et là, des assemblées de babouins peu farouches gardent cette terre où les paysans s'accrochent à leurs *godjo*, petites masures coiffées de chaume.

Jour 12

Gondar

C'est un fief royaliste, une cité au riche passé parfois fantasque comme en témoigne le complexe palatial de Fasil Ghebi et ses châteaux pseudo-médiévaux édifiés au XVIIᵉ siècle par le roi Fasil et ses successeurs. Sur la place principale, le souvenir de l'occupation italienne demeure à travers une brochette de bâtiments mussoliniens, boutiques et demeures de maîtres. Pillée, puis bombardée, Gondar est un

tome essentiel de l'histoire éthiopienne. C'est aussi là que vous aurez peut-être la chance d'assister à la cérémonie du Timqet.

Jour 13

Bahar Dar – Lac Tana

Capitale du pays Amhara, Bahar Dar s'étend sur les rives du lac Tana, auquel vous consacrerez une croisière en barque de papyrus tressé pour découvrir les hauts lieux de sa presqu'île, comme le monastère d'Ura Kidane Mehret, tapi dans la végétation tropicale. Votre guide vous emmènera ensuite vers les monastères d'Azwa et Kibran, avant de finir la journée dans un *azmari bet*, sorte de cabaret éthiopien.

L'Éthiopie à la carte

République fédérale démocratique d'Éthiopie

Capitale Addis-Abeba

Langues officielles Amharique, anglais, arabe – langue régionale officielle : oromigna (31% de la population) – 80 dialectes reconnus

Religions Christianisme orthodoxe (43%), islam (33%), protestantisme (19%)

Étiquette Le contact avec les tribus des hauts plateaux est empreint de solennité ; gardez donc une certaine distance de prime abord.

Un plat Le *wat*, ragoût de légumes, légumineuses et viande (poulet ou agneau), assaisonné d'un mélange d'épices dénommé *berbéré*.

Une personnalité Le coureur de fond Haile Gebreselassie, double champion olympique et huit fois champion du monde, véritable icône dans son pays.

Hors des sentiers battus avec un guide privé

34

Hors des sentiers battus avec un guide privé

> **Quand y aller ?**
> *Préférablement en octobre, quand la chaleur du désert est moins accablante, ou au printemps, période où les paysages sont plus verdoyants.*

Qasr al-Kharaneh

▶ **11 jours**

▶ **D'Amman à la mer Morte**

Pour qui ?
Pourquoi ?

Pour ceux qui veulent découvrir en profondeur une culture authentique entre désert et vestiges du passé, avec l'aide d'un guide privé sur les sites archéologiques pour ne rien manquer.

Inoubliable...

▶ *Admirer le splendide panorama depuis le mont Nébo.*

▶ *Découvrir la majesté du site de Pétra.*

▶ *Traverser le désert du Wadi Rum en 4x4.*

▶ *S'offrir une thalasso sur les rives de la mer Morte.*

Jordanie
Le Royaume hachémite

C'est une énigme à déchiffrer. Les indices sont légion et les signes du divin, perdus aux quatre coins du pays, au sommet d'une montagne ou sur les murs d'un temple, mais les pistes demeurent impénétrables. Tous s'y sont essayés : Nabatéens, Byzantins, Omeyyades, semant du Wadi Rum aux cités royales de Pétra et Jerash leur foi en une terre aussi belle qu'inspirante, à coups de mosaïques arachnéennes et de glorieux sanctuaires. Car la Jordanie ne se donne pas à qui veut, et il faut bien un guide pour ne pas se perdre dans le filet de ses mystères. Sondez ces pierres ocre et rouges encore et encore; elles finiront bien par vous parler...

Mosaïques, Madaba

Réserve de Dana

Temple d'Hercule, Amman

Itinéraire

Jour 1

Amman – Châteaux du désert

D'emblée, laissez la capitale derrière vous pour pénétrer dans le désert jordanien semé de châteaux en ruine. Solitaires au milieu des sables, ces refuges fortifiés élevés par la dynastie Omeyyade aux VIIᵉ et VIIIᵉ siècles ont pu avoir différentes fonctions : relais diplomatiques, pavillons de chasse ou caravansérails sur les routes marchandes du Moyen-Orient. Vous visiterez notamment ceux d'Amra, al-Azraq et surtout le Qasr al-Kharaneh, fascinant vaisseau de pierre blonde posé au milieu de nulle part.

Jour 2

Amman

Baptisée Philadelphie durant l'Antiquité, Amman a conservé de superbes vestiges de cette période comme en témoigne la Citadelle, ou Jabal al-Qal'a, dont le site fut occupé dès 5000 av. J.-C. Des colonnes du temple d'Hercule aux gradins de l'immense amphithéâtre toujours utilisé de nos jours, faites un pas de géant à travers l'histoire de cette ancienne colonie nabatéenne puis romaine.

Jour 3

Umm Qais – Jerash

Route vers le nord, non loin de la frontière israélienne, pour visiter le très bucolique site d'Umm Qais. Avec ses rues à colonnades, ses théâtres antiques et sa grande terrasse voûtée, son surnom de Nouvelle Athènes par les lettrés antiques ne fut pas innocent. Plus vers le sud, Jerash est le plus beau site archéologique de Jordanie : le *nympheum*, les temples de Zeus et Artémis, la voie du *cardo maximus* bordée d'élégantes colonnes, sans oublier le marché et ses ruines délicates, forment un ensemble d'une rare majesté.

Jour 4

Madaba – Mont Nébo

Ici l'histoire des lieux est inscrite au sol : une profusion de mosaïques datant de la période byzantine et omeyyade sont disséminées dans les églises de la ville, comme celles des Apôtres et de la Vierge Marie, ou encore dans la villa Hippolyte. Cartes,

Hors des sentiers battus avec un guide privé

Jerash

Thalasso, mer Morte

Bouquetin de Nubie

L'eau à Pétra

Située en plein désert jordanien, Pétra a vu dès ses origines son destin lié à l'approvisionnement en eau. Forte de 25 000 habitants à son apogée, la cité nécessitait des ressources importantes en eau pour assurer sa prospérité. C'est à cet effet que les ingénieurs nabatéens mirent en place un système sophistiqué de barrages hydrauliques et de citernes naturelles, ouvertes ou souterraines, pour la récupération des eaux, redistribuées par des conduits taillés dans la roche et enduites de plâtre. On peut encore voir de nos jours les vestiges de ces installations qui ramenaient l'eau dans l'aqueduc principal. Ironie du sort, les Romains n'eurent qu'à couper celui-ci lors d'un siège pour faire tomber la ville dès lors assoiffée…

Hors des sentiers battus avec un guide privé

scènes de chasse et épisodes mythologiques apportent un éclairage vivant sur l'histoire de la cité, alors refuge des chrétiens de Jordanie. Route vers le mont Nébo, qui selon l'Ancien Testament fut la montagne où Moïse put contempler la Terre promise sans pouvoir l'atteindre. Visitez la basilique du mémorial de Moïse pour y admirer d'autres somptueuses mosaïques byzantines.

Jour 5

Réserve de Dana

Pause nature pour vagabonder dans cette réserve naturelle nichée au cœur du plateau de Qadisiyah, qui abrite un écosystème unique : on y trouve notamment une faune en voie de raréfaction comme le bouquetin de Nubie, les crécerelles orange

et le caracal au regard torve et aux oreilles mouchetées. Sur les sentiers, vous vous sentirez au cœur d'un épisode de la Bible.

Jours 6 et 7

Pétra

Cette capitale nabatéenne résulte du prodige humain. Ses monuments taillés à même les falaises fascinent toujours autant 2 500 ans après l'âge d'or de la ville, alors carrefour des routes commerçantes de l'encens, des épices et autres merveilles de l'Orient. Un étroit corridor naturel mène jusqu'à une vision unique, celle du trésor du Khazneh, monument de délicatesse enchâssé dans le grès rugueux et veiné de pourpre. Entre les chariots tirés par des chevaux, découvrez aussi le monastère du Deir, les tombes royales et le Qasr al-Bint,

éparpillés dans un dédale de roche sculptée. Le lendemain, parcourez les salles rupestres et les tricliniums de la Petite Pétra qui étaient utilisés comme caravansérail.

Jour 8

Désert du Wadi Rum

L'éternité à son comble, figée dans un décor d'arches, de dunes rouges et de falaises écrasantes qui ressemblent à des citadelles ruinées. Vallée de la Lune dit-on, mais c'est surtout l'empire du soleil ; on le traverse en 4x4, à pied pour les trekkeurs, en dromadaire, ou à cheval comme Lawrence d'Arabie, qui y vit une preuve véritable de l'existence de Dieu. Les Nabatéens y élevèrent des sanctuaires, aujourd'hui en ruine mais toujours d'une

Pétra

beauté sépulcrale. Non loin de là, dessinez les constellations à la nuit tombée dans un camp de Bédouins.

Jours 9 à 11

Mer Morte

Le bleu de la mer s'irise de mordoré et de blanc, et les gros moutons de sel évoquent des blancs en neige géants. On y fait la planche sans effort, assis sur un transat d'eau, à l'aise avec un bon livre, avant de s'enduire de boue sombre et odorante. La mer Morte vous redonne vie, simplement, entre plaisir ludique et expérience de thalasso naturelle. Profitez des innombrables soins prodigués dans les hôtels de luxe sur les rives : gommage, detox, massages... l'hédonisme sinon rien.

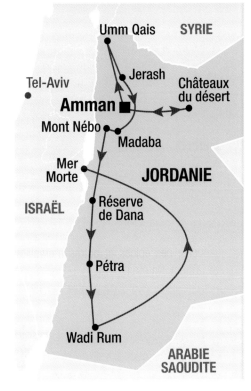

Umm Qais — SYRIE

Jerash

Tel-Aviv — Châteaux du désert

Amman ■

Mont Nébo

Madaba

Mer Morte

ISRAËL — **JORDANIE**

Réserve de Dana

Pétra

Wadi Rum

ARABIE SAOUDITE

La Jordanie
à la carte

Royaume hachémite de Jordanie

Capitale Damas

Langue officielle Arabe (**autre langue :** anglais)

Religion Islam

Étiquette Certains cafés (ceux où l'on fume le narguilé) et salles de restaurant sont réservés aux hommes.

Un plat Le *mensaf*, ragoût d'agneau cuit dans une sauce au yaourt et servi avec du riz ou du boulgour.

Une personnalité Diana Karazon, en plus d'être actrice et présentatrice, est la nouvelle étoile de la chanson en Jordanie. Son succès est reconnu dans tout le monde arabe.

Hors des sentiers battus avec un guide privé

147

> **Quand y aller ?**
> Ce voyage du nord au sud traverse des latitudes différentes, chacune ayant un climat distinct. De manière générale, voyagez durant la saison sèche, de février à avril.

Ha Long

▶ **11 jours**

▶ **De Hanoi à Hô Chi Minh-Ville**

Pour qui ? Pourquoi ?

Un voyage idéal pour les férus de civilisation raffinée, de gastronomie exotique et de rencontres enrichissantes : le Vietnam est tout cela !

Inoubliable...

▸ *Découvrir les villages de pêcheurs de la baie de Ha Long lors d'une croisière.*

▸ *Rencontrer un maître de calligraphie traditionnelle.*

▸ *Visiter la cité impériale de Hué en cyclo-pousse.*

▸ *Goûter aux produits locaux au marché flottant de Cai Rang.*

Vietnam
Ha Long, cités impériales et delta du Mékong

On ne finira jamais de visiter le Vietnam. Dix voyages, cent, mille ne suffiront jamais à saisir tous ses trésors, des vénérables villes impériales aux paysages sublimes qui varient tellement du nord au sud, de Ha Long au delta du Mékong. Surtout, partez à la rencontre des gens : calligraphes, architectes, paysans, commerçants ou lettrés, tous vous raconteront un Vietnam différent, vous guideront dans cette culture aussi ancienne que dynamique, vous feront apprécier des petits riens pleins de saveur en marge des monuments les plus célèbres. Voici un Orient sensible et généreux qui se dévoile sans réserve... ne vous y refusez pas.

Hoi An

Un Chinatown à Hô Chi Minh-Ville

Au temps où le Vietnam était une colonie française, le quartier de Cholon était l'un des moins recommandables de tout Saigon : filles de joie, pègre et bars à opium y régnaient sans partage. La situation a bien changé depuis sous la férule des Hoa, la communauté vietnamienne d'origine chinoise qui a réhabilité les lieux avec l'aide des autorités locales. Cette ville dans la ville est concentrée autour du marché Binh Tây, reconnaissable de loin grâce à son beffroi. Labyrinthique et effervescent, on s'y presse entre les étals de produits frais, jarres d'eau de vie de serpent et gerbes de fleurs. Les herboristes y côtoient gargotes à beignets de riz et coiffeurs sur le pouce, dans un joyeux pandémonium de couleurs et de sons. À ne pas manquer pour vivre le Vietnam avec un grand *V*!

Temple de la Littérature, Hanoi

Jours 3 et 4

Ha Long

C'est l'image du Vietnam dans le monde entier. Embarquez sur une jonque de bois pour deux jours de croisière hors du temps, entre mer d'huile et pitons karstiques. On navigue vers les villages flottants pour saluer le retour de la pêche ou la mangrove en bonne santé, avant de pénétrer dans la grotte des Merveilles — et quel nom bien porté! Le soir venu, souper aux chandelles devant le soleil qui s'éteint, la paix est totale, et le réveil embrumé du lendemain devient un moment de magie pure, qu'on prolonge affalé sur le pont de teck.

Itinéraire

Jours 1 et 2

Hanoi

Capitale polymorphe, Hanoi recèle une infinité de trésors. En guise d'introduction au Vietnam, visitez le Musée d'ethnographie, qui présente des collections d'objets du quotidien et des antiquités provenant des 54 ethnies du pays. Puis, rencontre avec un architecte local qui vous introduira aux splendeurs essaimées dans la ville : le temple de la Littérature, la pagode au pilier unique et celle de Tran Quoc, entre autres. Et pour prendre le pouls du vieux Hanoi, écartez-vous du torrent de motos et de scooters et rendez-vous dans le « quartier des 36 corporations ».

Hors des sentiers battus avec un guide privé

Dégustation de *pho* dans un marché

Hué

Opéra d'Hô Chi Minh-Ville

Hanoi · Ha Long

MYANMAR · LAOS · CHINE

Vientiane

Yangon

THAÏLANDE · Hué · Hoi An

Bangkok · VIETNAM · Mer de Chine méridionale

CAMBODGE

Mer d'Andaman · Phnom Penh

Golfe de Thaïlande · Hô Chi Minh-Ville · Delta du Mékong

Can Tho

Hors des sentiers battus avec un guide privé

Jours 5 et 6

Hué

Cette belle provinciale endormie fut capitale de 1802 à 1945. Un passé glorieux qui a laissé un patrimoine architectural inestimable, comme les cités jaune impériale et pourpre interdite où l'on se balade en cyclo-pousse entre palais de l'Harmonie suprême et bibliothèque royale. Puis, suivez le cours de la rivière des Parfums pour apercevoir la pagode de la Dame Céleste, emblème gracieux de la ville, avant de rendre hommage à l'empereur Tu Duc sur son tombeau, un endroit baigné de sérénité et de poésie. Ne manquez pas la rencontre avec un propriétaire de maison-jardin (*Tha Om*) qui vous enseignera la géomancie, nécessaire prélude aux constructions traditionnelles.

Jour 7

Hoi An

Après Da Nang et le col des Nuages, filez vers Hoi An. Les lampions sont partout! Accrochés aux fenêtres, aux ponts, aux arches et aux façades, ils illuminent la ville comme un million de lucioles multicolores. Comment dès lors ne pas tomber sous le charme de cette cité qui mêle influences chinoise et japonaise au fil de ses rues bordées de coquettes maisons, reliques d'un important passé commerçant! Cafés branchés, boutiques de tailleurs et petits musées installés dans les demeures coloniales françaises animent les vieux quartiers, rehaussés çà et là de bougainvillées.

Jours 8 et 9

Hô Chi Minh-Ville

Le souvenir français est toujours prégnant à travers la multitude de bâtiments officiels qui rappellent la métropole, autour du quartier historique de la rue Catinat. Avec un urbaniste, découvrez l'hôtel de ville et son beffroi, la cathédrale en briques importées de Toulouse, l'Opéra ou la Poste dessinée par Eiffel. Mais tout le monde a aussi sa place dans cette ville-monde : temple hindou de Mariamman ou taoïste de Thien Hau, mosquée indienne rue Dong Khoi, les cultures se mêlent avec harmonie à l'image des étals éclectiques du quartier de Cholon.

Can Tho

Jour 10
Cai Be – Croisière dans le delta du Mékong – Tra On

Embarquement à Cai Be pour découvrir le monde hypnotisant du delta du Mékong, le «Dragon aux neuf queues». De canaux en arroyos, le navire se faufile non loin de villages lacustres et éphémères au milieu des grappes de palmiers d'eau et de palétuviers. Les potiers, fleuristes ou vanneurs vaquent sur le canal de Cho Lach, les femmes arrosent leurs jardins fruitiers, les pêcheurs extirpent leurs prises des filets. Un traversier rempli de monde croise un chapelet de barques sur fond de cocoteraie, les poules gloussent, la vie s'écoule tranquillement comme elle l'a toujours fait dans ce sanctuaire luxuriant et joyeux.

Jour 11
Can Tho – Cai Rang – Hô Chi Minh-Ville

Après une nuit chez l'habitant, qui au passage vous aura initié à la cuisine locale, remontez sur le bateau pour rallier Can Tho et son marché flottant de Cai Rang, le plus grand de tout le delta. Une armée de chapeaux pointus manie les embarcations dans un capharnaüm sans nom, les montagnes de pamplemousses manquent de chavirer à chaque seconde, la négociation se fait en un froncement de sourcil. Thé au jasmin et éventail en papier de riz à la main, de passager ébahi on devient vite soi-même client au vu des irrésistibles paniers tressés ou des pastèques au jus de rubis. Retour à Hô Chi Minh-Ville, rassasié et comblé.

Le Vietnam
à la carte

République socialiste du Vietnam

Capitale Hanoi

Langue officielle Vietnamien

Religions Bouddhisme mahayana, taoïsme, confucianisme

Étiquette Il est crucial de ne jamais élever la voix ou manifester votre mécontentement de manière trop abrupte; cela équivaut littéralement à perdre la face.

Un plat Le *pho*, composé de nouilles de riz cuites dans un bouillon de bœuf et agrémenté d'oignons, de coriandre, de jus de lime et de gingembre.

Une personnalité Tran An Hung est un cinéaste au style esthétisant, récompensé notamment aux festivals de Venise et de Cannes.

Hors des sentiers battus avec un guide privé

Mont Cook, Nouvelle-Zélande

Nature et grands espaces

Voyager pour communier avec la nature et découvrir les plus belles biodiversités de la planète.

▶ **Quand y aller ?**
C'est durant l'été qu'on apprécie au mieux les paysages de sapins au vert éclatant et de lacs saphir. Randonnées ou activités sportives s'offrent aux voyageurs dans les nombreux parcs nationaux traversés.

Parc national de Banff

▶ **13 jours**
▶ **Des lacs Waterton à Calgary**

Pour qui ? Pourquoi ?

L'Ouest canadien se prête bien aux expéditions au grand air, à la découverte d'un monde encore sauvage et intact. Les amateurs de photographie seront en outre comblés par les fastueux panoramas qui s'égrènent à chaque kilomètre.

Inoubliable...

▷ *Découvrir l'art autochtone traditionnel dans un musée de Jasper.*

▷ *S'aventurer dans un territoire de glaces éternelles au parc national des Glaciers.*

▷ *S'émerveiller devant les paysages grandioses du parc national de Banff.*

▷ *Jouer les pionniers à l'Heritage Park Historical Village de Calgary.*

Canada
Au cœur des Rocheuses

On résume souvent le Canada à une image d'Épinal faite de sapins, montagnes, caribous et lacs. Quel dommage ! C'est faire l'impasse sur une nature aux teintes saturées, sublimée au fil des parcs nationaux que l'on traverse au cours de ce voyage. Les Rocheuses canadiennes sont l'aboutissement d'un pèlerinage aux sources du monde, entre gratte-ciel de roche et rivières turbulentes, sur les traces des pionniers conquérants du chemin de fer. Des lacs Waterton à Banff, vertiges visuels et rencontres avec une faune impressionnante se succèdent dans un calme absolu.

Orignal, parc national des Lacs-Waterton

Parc national de Jasper

Parc national de Yoho

Itinéraire

Jours 1 et 2

Parc national des Lacs-Waterton

Au confluent des Rocheuses et des Prairies, Waterton est un domaine à part, dont la biodiversité est l'une des plus remarquables de tout le continent : on y compte notamment 970 espèces végétales dispersées le long des 200 km de sentiers qui sillonnent le parc. C'est aussi un creuset des Premières Nations : plus de 250 sites archéologiques y sont dénombrés, dont certains remontent à 9000 av. J.-C. et témoignent de la précocité de la chasse au bison.

Jour 3

Parc provincial de Whiteswan Lake

On se croirait de prime abord dans les Alpes, avec ces chèvres de montagne et ces mouflons qui broutent dans les pâturages, avant que les silhouettes de wapitis, grizzlis et autres orignaux rappellent qu'on est bien en Amérique. Une pause bienvenue : se baigner dans les sources d'eau chaude de Lussier avant de manier la pagaie en rafting !

Jour 4

Parc national de Kootenay

Torrents, rivières, cascades... tous gazouillent gaillardement dans le lit des vallées glaciaires du parc pour former un immense réseau hydraulique qui se jette dans les eaux du Pacifique. Entre les montagnes s'étendent des prairies semi-arides semées de cactus et de profonds canyons, tel Marble Canyon et ses rapides aux reflets laiteux. La meilleure façon de profiter du parc : en camping traditionnel, façon coureur des bois.

Jours 5 et 6

Parc national de Yoho

Insolite que le nom de ce parc, *Yoho* étant une onomatopée de la langue crie signifiant l'émerveillement. Et c'est un doux euphémisme lorsqu'on parcourt les décors de cascades spectaculaires (celles de Takakkaw sont les plus hautes du Canada avec 254 m), les pics rocheux à l'assaut du

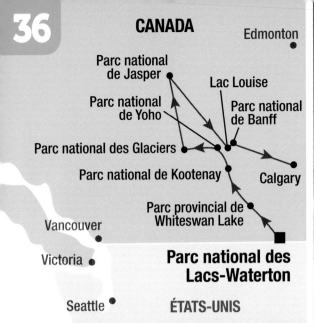

CANADA

Edmonton

Parc national de Jasper

Lac Louise

Parc national de Yoho

Parc national de Banff

Parc national des Glaciers

Parc national de Kootenay

Calgary

Parc provincial de Whiteswan Lake

Vancouver

Victoria

Parc national des Lacs-Waterton

Seattle

ÉTATS-UNIS

Chèvre de montagne

L'Heritage Park Historical Village

Au sud-ouest de Calgary, l'Heritage Park Historical Village dépeint avec une grande authenticité la vie dans l'Ouest canadien entre 1860 et 1950, à travers la reconstitution d'habitations, édifices officiels et commerces d'époque, certains ayant même été déplacés depuis leur lieu d'origine pour assurer leur conservation. D'avril à octobre, le parc propose quantité d'animations assurées par des comédiens en costume d'époque qui font revivre le quotidien des pionniers. Locomotive à vapeur, campement amérindien, fort militaire, plus de 180 attractions et expositions vivantes mettant en valeur un patrimoine unique.

ciel et les plateaux surplombant des lacs de toute beauté comme O'Hara ou Emerald.

Jour 7

Parc national des Glaciers

On quitte les Rocheuses pour s'aventurer dans un territoire de glaces éternelles. La chaîne Columbia est considérée comme le berceau de l'alpinisme sur le continent nord-américain et abrite les glaciers les plus impressionnants : on en dénombre plus de 400 qui couvrent 10% du parc, comme Illecillewaet, gigantesque langue de lave immaculée. De formidables balades en perspective, à moins qu'une séance de spéléologie dans les cavernes Namiku n'emporte votre intérêt ?

Jours 8 à 10

Parc national de Jasper

C'est le plus septentrional des parcs des Rocheuses canadiennes et aussi l'un des plus beaux, avec ses paysages accidentés et changeants : chaque virage offre une nouvelle merveille. On traverse les écosystèmes variés du lac Maligne, les tapis de fleurs multicolores qui parsèment le sentier

des Prés-Cavell, avant de suivre l'Icefields Parkway, qui, sur plus de 300 km, serpente dans des territoires peuplés d'ours et de caribous.

Jour 11

Lac Louise

À coup sûr l'un des panoramas canadiens les plus grandioses, le lac Louise

Lac Louise

est un joyau de la nature enchâssé dans un écrin d'augustes montagnes. On se sent vite seul au monde en naviguant sur l'une des barques pleines de couleur arrimées aux pontons, confettis de couleur posés sur cette mer turquoise. Mais pour admirer ce panorama titanesque, rien de mieux qu'un café et un plaid sur la terrasse de l'hôtel luxueux qui borde la rive.

Jour 12

Parc national de Banff

L'ensemble de vallées, forêts, prés, rivières et glaciers vaut à Banff la réputation d'être un des sites les plus photographiés au monde, au même titre que Yosemite aux États-Unis. Ici la nature

s'écrit en majuscules, à l'image des contreforts montagneux qui cernent le romantique lac Moraine, ou depuis le sommet des monts Edith et Cory.

Jour 13

Calgary

Calgary est une florissante métropole campée entre les Rocheuses, à l'ouest, et les ranchs des plaines, à l'est. On peut y admirer les environs au sommet de la Calgary Tower, parcourir son centre-ville en empruntant le réseau de passerelles surélevées, assister à un rodéo lors de son fameux Stampede, ou même faire une descente en bobsleigh au Canada Olympic Park.

Le Canada
à la carte

Canada

Capitale Ottawa

Langues officielles Anglais, français et 11 langues autochtones officielles dans les Territoires du Nord-Ouest

Religions Catholicisme (40% de la population), protestantisme (30% de la population).

Sécurité Le climat peut être imprévisible dans ces régions montagneuses et parfois très isolées. Aussi observez bien les panneaux indicateurs dans les parcs et ne vous engagez pas sur des sentiers ou le long d'une rivière si le ciel est menaçant.

Un plat Le Nanaïmo est un dessert servi en barre et constitué d'une pâte au chocolat couverte d'une couche de crème à la vanille, le tout surmonté d'un glaçage lui aussi chocolaté.

Une personnalité David Suzuki, ancien professeur de génétique, est connu pour son activisme écologique et ses positions sur le réchauffement global climatique.

Nature et grands espaces

▶ **Quand y aller ?**
Entre novembre et février, soit durant l'été austral. La végétation est alors plus vivace, le ciel d'une grande pureté, et la lumière se reflète intensément dans les lacs et les glaciers.

▶ **10 jours**

▶ **De Buenos Aires à Torres del Paine**

Guanaco, parc de Torres del Paine

Nature et grands espaces

**Pour qui ?
Pourquoi ?**

Pour se sentir une âme d'explorateur des premiers temps, à la recherche du bout du monde, et y parvenir enfin.

Inoubliable…

▸ *S'essayer sans complexe au tango dans un bar de Buenos Aires.*

▸ *Cavaler sans retenue avec les gauchos dans La Pampa.*

▸ *Pique-niquer au pied du Fitz Roy.*

▸ *Naviguer entre les icebergs du parc de Torres del Paine.*

Argentine et Chili
Glaciers et pampa

Nous voilà presque au bout du monde, on l'avait tant rêvé, ce périple qui touche la plus lointaine des courbes terrestres. Ici l'homme a la tête en bas, mais les montagnes s'élèvent toujours plus haut, leurs griffes de pierre s'empêtrant dans les nuages. Même les lacs qui déclinent toutes les nuances de bleu ont de longs doigts gelés par les glaciers… En Patagonie, il faut s'ébahir sans compter, sans s'en lasser. Les rares hommes du coin l'ont compris, chaque jour est un spectacle de démesure, depuis les grandes ombres que les nuages dessinent sur la pampa déserte jusqu'au ballet un peu somnolent des icebergs sur les lacs du sud. Et c'est dans le silence presque rituel de cette immensité qu'on entend battre le cœur de la nature.

Murale dans La Boca, Buenos Aires

Vautour

Cerro Torre

Itinéraire

Jours 1 et 2

Buenos Aires

Envoûtante et cosmopolite, la capitale argentine ne renie pas ses faux airs de ville européenne avec les élégants immeubles de la place de Mai et de l'avenue 9 de Julio aussi large qu'un tarmac. Mais c'est pour mieux vibrer de toute son âme latine dans les quartiers colorés de La Boca et San Telmo, où l'on peut s'initier au tango au beau milieu de la rue devant un public perpétuellement de bonne humeur.

Jours 3 et 4

Province de La Pampa – Parc Lihué Calel

Aux portes de la Patagonie, le parc national Lihué Calel présente des paysages emblématiques de la pampa : immenses plaines à la végétation basse d'où surgissent parfois des *caldenes*, ces arbres épineux et joufflus. Les gauchos sillonnent ces terres sous l'œil détaché des guanacos, nandous et vautours en répétant les gestes d'autrefois. Différentes balades vous emmèneront de la Vallée des peintures, renommée pour son art rupestre, à de petits villages comme Puelches qui préservent un artisanat authentique.

Jour 5

El Calafate

Un vol plus tard, arrivée à El Calafate et déjà une transition entre deux univers. On en profite pour visiter une *estancia* typique et ses installations, assister à la tonte des moutons tout emmêlés ou monter en selle afin de découvrir l'orée des horizons patagoniens. Et bien mérité que ce repos rustique sous les effluves du *mate*, un thé galvanisant qui coule dans les veines des gens du coin depuis on ne sait même plus quand.

Jour 6

Glacier Perito Moreno

Les affaires sérieuses commencent : de ce mur de glace long de 5 km se dégage

Nature et grands espaces

Glacier Perito Moreno

Moutons de la pampa

Les gauchos, gardiens de la tradition

Ils ne font qu'un avec la nature, ont appris à l'apprivoiser. Les gauchos étaient à l'origine des gardiens de troupeaux qu'on retrouvait à travers toute la pampa sud-américaine. Il existe un subtil système de sous-classes établi selon leurs tâches premières : du *restero* au *pulpero*, à chacun son métier et ses *pilchas* (tenues traditionnelles), même si c'est le *domador* qui est le seul à s'être maintenu à travers les âges. C'est lui qui a pour fonction de dresser et de s'occuper des chevaux, longtemps principal moyen de transport dans ces terres immenses. En reconnaissance de ces figures emblématiques de la nation, l'Argentine a décrété le 6 décembre journée du gaucho. Dans les provinces de Buenos Aires, de La Pampa et de Salta se tiennent alors des festivals qui mettent en valeur ce patrimoine folklorique et immatériel, à travers des rodéos, chants et barbecues.

Océan Pacifique

Santiago

Buenos Aires

ARGENTINE

CHILI

Parc Lihué Calel

Fitz Roy

El Chaltén

El Calafate

Glacier Perito Moreno / Lago Argentino / Cerro Torre

Parc de Torres del Paine

Océan Atlantique

une inexorable impression de puissance, comme une rangée de dents carnassières jamais rassasiées. Précisons d'ailleurs que le glacier avance de 2 m par jour ; gare à vous ! Depuis les passerelles, on se sent petit face au fracas tonitruant des séracs dans les eaux du Lago Argentino, mais, courage, un petit trekking à coups de crampons sur le dos gelé du monstre devrait aider à vaincre vos craintes.

Jour 7

Lago Argentino – Cerro Torre

Les paysages qui bordent le lac sont wagnériens et jamais aussi beaux que sous un ciel noir. Alors les icebergs semblent perdus sur les eaux opaques, jamais secourus par les mouettes qui fuient une potentielle fin du monde, là où le monde semble justement finir… On prend alors la fuite vers le plus céleste Cerro Torre, pilier dressé entre la terre et les nuages, et sûrement l'une des plus belles parois du monde, pure comme l'air cinglant qui vient s'y écraser.

Jour 8

Fitz Roy – El Chaltén

Cette montagne hiératique est le maître des lieux, sorte de trône naturel qui n'attend qu'un géant pour s'y asseoir et gouverner le parc de Los Glaciares environnant. Depuis El Chaltén, dernier avant-poste humain à l'ouest, on s'approche du mont Fitz Roy en longeant des lacs glaciaires frangées de forêts de hêtres, avant de contempler les aiguilles Saint-Exupéry pour ce moment de recueillement qu'on avait tant attendu.

Fitz Roy

Jours 9 et 10

El Calafate –
Parc de Torres del Paine

Le passage de la frontière argentino-chilienne vers Torres del Paine consiste en une succession de vues spectaculaires. Classé réserve de la biosphère par l'UNESCO, le parc, joyau de la couronne patagonienne, est la définition même de la beauté sauvage : en contrepoint des sommets acérés, le calme des lacs Pehoe, Grey ou del Toro invite à une croisière vers les glaciers aux formes languides, au cœur de fjords où la civilisation n'aura jamais sa place. Le voyage s'achève ici, dans la solitude grandiose d'un sanctuaire d'eau et de glace.

L'Argentine
à la carte

République argentine

Capitale Buenos Aires

Langue officielle Espagnol

Religion Catholicisme

Étiquette Comme dans la plupart des pays latins, la ponctualité est une notion relative. Ne vous offusquez pas pour quelques minutes (ou plus) de retard.

Un plat Les *asados*, grillades de viande rouge, accompagnées de purée de citrouille ou de patates douces.

Une personnalité Eva Perón, icône absolue de l'Argentine, qui d'actrice de série B se hissa au pouvoir et devint le symbole des luttes sociales du pays au tournant des années 1950.

Le Chili
à la carte

République du Chili

Capitale Santiago

Langue officielle Espagnol

Religion Catholicisme

Étiquette Finissez toujours votre assiette lorsque vous êtes invité chez des Chiliens ; c'est une façon de montrer son respect à la maitresse de maison.

Un plat Le *pastel de choclo*, gâteau de mais cuit sur une préparation de viande, oignon et cumin.

Une personnalité Pablo Neruda, poète et penseur libre, qui plaça la question sociale chilienne au cœur de son œuvre.

Nature et grands espaces

161

Nature et grands espaces

> **Quand y aller ?**
> L'Ouest américain peut être suffocant en plein été. On préférera la fin du printemps ou l'automne pour un peu plus de douceur. En septembre a lieu la fête de la nation navajo, qui mêle danses, défilés, chants et rituels chamaniques.

▶ **14 jours**

▶ De **Las Vegas** au parc national de **Zion**

Grand Canyon

Pour qui ? Pourquoi ?

Tout voyageur s'y retrouvera : le photographe en herbe, l'aventurier, l'amoureux des horizons lointains, le sportif… L'Ouest américain offre tellement de possibilités de découvertes que l'émerveillement sera forcément au rendez-vous, au cœur du désert ou sur les sentiers de randonnée.

Inoubliable…

Parcourir le Strip de Las Vegas en décapotable.
Survoler le Grand Canyon en hélicoptère à l'aube.
Baigner dans la lumière irréelle de l'Antelope Canyon.
S'offrir une séance de yoga privée au parc des Arches.

États-Unis
Grande traversée des parcs de l'Ouest

Une mélopée à l'harmonica, un coucher de soleil flamboyant, la silhouette trouble d'un cowboy : ce tableau mythique est inscrit dans l'imaginaire collectif à jamais. Allez plus loin qu'un simple décor en découvrant la splendeur des parcs américains de l'Utah et de l'Arizona et le souffle de l'aventure qui les symbolise, du Grand Canyon à Zion. Dans ce territoire vaste comme l'éternité, les formes se meuvent au gré des ombres et prennent parfois l'apparence fantastique de cathédrales en plein désert ou de colonnades agrippées aux montagnes. Appel irrésistible de la liberté ou envie d'une déconnexion totale, voici plus qu'un voyage, c'est l'expérience d'une communion avec la nature à son meilleur.

Antelope Canyon

Parc national de Zion

Las Vegas

Peintures rupestres, Horseshoe Canyon

Itinéraire

Jours 1 et 2

Las Vegas

Royaume de l'illusion et Babylone moderne, la ville du péché n'usurpe pas sa réputation. Le long du fameux *Strip*, on passe en quelques mètres de la tour Eiffel à la Rome antique sous les yeux d'un Sphinx de pacotille. La démesure règne à Vegas, entièrement dédiée au divertissement et qui met à l'honneur la fée Électricité le soir venu. Gare alors au décollement de rétine dans ce déluge de lumières aux vertus hypnotiques! Et pour une overdose de kitsch, détour obligatoire par la Little White Chapel, là où même l'amour devient spectacle.

Jours 3 et 4

Grand Canyon

Vedette des parcs de l'Ouest, le Grand Canyon pousse à l'humilité devant tant d'immensité béante. À pied ou en hélicoptère (option plus que recommandée), on admire le camaïeu infini de teintes chaudes des plateaux qui surplombent le fleuve Colorado, en lisant l'histoire de la Terre inscrite au fil des strates de roche mise à nu. Et pour expérimenter le vertige absolu, les plus hardis feront quelques pas sur le Grand Canyon Skywalk, passerelle au plancher de verre qui surplombe une gorge de... 1 300 m de profondeur.

Jour 5

Lake Powell

Rencontre au sommet de deux éléments, la pierre et l'eau, le site de Lake Powell, lac artificiel formé par la construction du barrage de Glen Canyon, confine au sublime dans un dédale qu'on savoure pleinement avec une promenade en bateau. À son extrémité, en terre navajo, le Rainbow Bridge n'est rien d'autre que la porte vers un autre monde.

Jour 6

Antelope Canyon

On croirait presque à une illusion d'optique tant la roche semble se mouvoir et onduler d'elle-même dans l'étroit canyon. Et quand une lumière divine plonge jusqu'au sol, les draperies de pierre soyeuse prennent des teintes ocre ou mauve dans une véritable symphonie visuelle. Un moment inoubliable.

Salt Lake City

Utah

Nevada

Parc national des Arches

Moab

Bryce Canyon

Parc de Canyonlands

Parc national de Zion

Lake Powell

Colorado

Las Vegas

Arizona

Antelope Canyon

Monument Valley

Nouveau-Mexique

Grand Canyon

Bryce Canyon

Parc national des Arches

Nature et grands espaces

La Vallée de la Mort

Un bien triste nom aux origines fondées. Retour en 1849, à l'époque des chercheurs d'or. Une centaine d'entre eux s'engagent dans ce désert brûlant en quête d'un raccourci afin d'éviter les montagnes avoisinantes. Vite perdus, ils se voient obligés de laisser derrière eux bétail et chariots pour quitter cet enfer au plus vite et survivre. Mais un pauvre hère succombe, et voilà l'endroit baptisé comme une malédiction. Proche de la frontière californienne, cette vallée est le point du globe où la température la plus chaude a été enregistrée, avec 57°C en 1913. Situé à 85 m sous le niveau de la mer, c'est aussi le point le plus bas de tout le continent américain. Les paysages aux couleurs changeantes y sont splendides : dunes, mers de sel et lits d'anciennes rivières sont bordées par deux chaînes de montagnes aux sommets enneigés. Les points de vue les plus impressionnants, enfin, se trouvent à Dante's View et Badwater Basin.

Jour 7

Monument Valley

Décor ultime du Far West, Monument Valley est tout aussi impressionnante que dans les westerns spaghettis. Point de vue spectaculaire à John Ford's Point entre les colossales mesas de grès, avant de faire un tour en 4x4 avec un guide navajo qui vous fera connaître les sites les plus reculés du parc, comme Hunts Mesa.

Jour 8

Moab

Au cœur de la région des grands parcs, Moab est une oasis tranquille, mais aussi le paradis des sportifs de l'extrême et autres assoiffés de plein air : rafting, escalade ou saut à l'élastique, voilà l'occasion de s'échauffer les muscles dans une nature triomphante. Étriers aux pieds, les apprentis cowboys réaliseront enfin leur rêve d'enfant en coiffant un stetson avant de partir à l'assaut des pistes poussiéreuses.

Jour 9

Parc de Canyonlands

Ici l'érosion a exécuté un travail d'orfèvre, comme en témoignent les sculptures naturelles un peu partout. Depuis le Dead Horse State Park, le panorama de canyons est inégalable, tandis qu'au Horseshoe Canyon, on s'émeut devant des énigmatiques peintures rupestres de la culture Fremont, vieilles de 2 000 ans.

Jour 10

Parc national des Arches

Quelque 2 000 arches parsèment ce domaine touché par la grâce, nouvelle folie d'une nature débordante d'imagination.

Monument Valley

Appareil photo en main, on ne se lasse pas d'enserrer un arrière-plan d'aiguilles rocheuses sous la courbure des ponts de grès. L'heure magique est au crépuscule devant la bien nommée Delicate Arch, symbole de l'Utah esseulé au bord d'un promontoire.

Jours 11 et 12

Bryce Canyon

Une fois de plus, l'eau est responsable de cette véritable dentelle de pierre, constituée d'une multitude de flèches et aiguilles dénommées *hoodoos*. Si l'Amphitheatre est écrasant de majesté, Sunrise Point et Thor's Hammer vous offriront des photos incroyables.

Jours 13 et 14

Parc national de Zion

Zion conclut en fanfare un périple unique. Forêts verdoyantes, chant des ruisseaux et vertigineuses falaises de grès rouge s'élevant à 600 m de hauteur composent un tableau enchanteur qui se prête à des balades d'exception les pieds dans l'eau, par exemple dans la Virgin River. Dernier coup de cœur, mais non des moindres, en gravissant l'Angels Landing, sentier qui mène au sommet de la montagne pour un panorama unique.

Les États-Unis
à la carte

États-Unis d'Amérique

Capitale Washington, D.C.

Langue officielle Anglais

Religions Protestantisme (50% de la population), catholicisme (environ 20%)

Étiquette Respectez la culture amérindienne, qui a cruellement souffert de l'impérialisme blanc.

Un plat Un ragoût de mouton à la najavo, avec maïs, oignons et courges.

Une personnalité John Ford, cinéaste américain, qui popularisa les westerns à Hollywood et signa certaines des meilleures œuvres du genre au long de ses 60 ans de carrière.

▶ **10 jours**

▶ Boucle au départ
   de **Bichkek**

Nature et grands espaces

Pour qui ?
Pourquoi ?

Vous avez le goût de l'aventure rustique et des rencontres culturelles ? Envie de déconnecter complètement de la civilisation et de vous perdre dans des paysages d'une pureté absolue ? Le Kirghizistan sera votre coup de cœur.

Inoubliable...

▷ *S'initier à l'art de la fauconnerie avec un maître du genre.*

▷ *Passer plusieurs nuits en yourte, loin du confort occidental.*

▷ *Se détendre, assis dans l'herbe des steppes, dans un silence absolu.*

▷ *Suivre les nomades de Son Koul pour une partie de chasse.*

Kirghizistan
Vie nomade sous la yourte

Au beau milieu du monde et pourtant loin de tout, le Kirghizistan est encore une énigme. Même son nom semble sens dessus-dessous, comme pour faire écho au mystère des routes indéchiffrables à peine tracées dans les montagnes. Seuls les nomades, nos précieux guides dans une nature qui rappelle sans cesse la petitesse de l'homme, connaissent les codes de cette terre de montagnes imposantes et de plaines sans fin, et dont les troupeaux de moutons cotonneux sont les uniques figurants. Mais au bout du périple, un voyage là-bas devient l'expression ultime de la liberté, tels les faucons qui emportent vers les cieux la légende d'un peuple trop fier pour prendre racine.

Artisanat au bazar, Bichkek

Nomades, région du lac Son Koul

Itinéraire

Jour 1

Bichkek

Entrez de plain-pied dans la culture kirghize avec les différentes facettes qu'offre la capitale, une ville-jardin fondée sous le régime tsariste. Aux bazars d'Osh et de Dordoy prospère la tradition du commerce chère à l'Asie centrale depuis des milliers d'années, dans une joyeuse effervescence. Plus loin, la cathédrale orthodoxe russe évoque la place Rouge de Moscou avec ses bulbes bleu azur. Mais c'est dans un restaurant doungane, du nom du peuple d'origine tatare et turque et aujourd'hui assimilé à l'ethnie chinoise Hui, qu'on saisit toute la complexité de la société kirghize.

Jour 2

Canyon de Boom – Kochkor

On suit d'abord le soleil levant en se dirigeant vers l'est et la tour de Burana. Semblant jaillir de la steppe, c'est le dernier vestige de la glorieuse cité de Balasagun, qui connut son apogée quand la Route de la soie était la principale voie commerciale du monde. Puis ce sont les pics aux tons ocre vif du canyon de Boom qui envahissent le paysage. Arrivé à Kochkor, point de départ des treks de la région, on prend le pouls de la vie de province en observant la fabrication des tapis traditionnels kirghizes (*shyrdak*) avant de passer la nuit chez l'habitant.

Jours 3 à 5

Région de l'Issyk-Koul – Bokonbayevo

Avec un horizon infini de champs de blé, orge et maïs, cette région est le grenier du Kirghizistan. Le lac Issyk-Koul en est le cœur bleu, propice aux baignades d'altitude avec son air si pur et son soleil éclatant. À la lisière des monts Terskei-Ala-Too, qui bordent la rive sud et culminent à 5 000 m, trouvez refuge à Bakonbayevo chez un maître fauconnier qui vous présentera son art et la vie rurale. Manipulation des rapaces, chevauchée sur les hauts plateaux et parties de chasse sont au programme. Un échange vibrant entre sa culture et la vôtre, sur fond de nature grandiose.

Nature et grands espaces

Fauconnerie

Dans la yourte

Statue de Manas, Bichkek

L'épopée de Manas

C'est l'œuvre la plus emblématique de la tradition orale kirghize, et un fondement de la culture du pays. Son origine est inconnue tout comme sa datation est aléatoire. Plus grande œuvre littéraire jamais créée, on en trouve 65 versions différentes, certaines étant 20 fois plus longues que *l'Iliade et l'Odyssée* réunies, avec 1,5 million de vers. Elle narre l'histoire de Manas, héros mythique des nomades kirghizes, qui combattent le joug des Mongols, alors seigneurs de la Chine. Au long du texte, tous les aspects de la vie nomade sont dépeints avec une abondance de détails, ce qui en fait une véritable encyclopédie orale. De nos jours, la transmission de l'œuvre est encore assurée par les *manastchi*, ces conteurs traditionnels qui la récitent durant les grands événements familiaux ou les festivals culturels. *L'épopée de Manas* est classée depuis 2009 au patrimoine immatériel de l'UNESCO.

Jours 6 et 7
Région du lac Son Koul

C'est le lac sacré des nomades kirghizes. Il se cache derrière une succession de vallées alpestres couvertes de sapins et de cols couronnés de neige. Un silence total règne dans ce domaine inviolé, là ou même les hommes ne s'attardent pas. On suit la vallée de Korgo vers le col Terskeï Torpok, au sommet duquel le panorama est éblouissant. À Son Koul, un camp de yourtes endormies et surtout un bol de lait de jument fermenté nous attendent, car nous voilà déjà membres de la famille. Plus tard, au galop dans les pâturages, on ne se donne comme seule limite que l'ivresse des sommets.

Jours 8 et 9
Région de Kizil Oï

D'autres lacs de montagnes et vallées encaissées dans cette terre inexorablement vierge. Au col de Kurtka, une main gigantesque a ouvert les montagnes en arrière-plan dans un geste de rage, pour laisser apparaître les canyons rouges de Kizil Oï, taches sombres qui contrastent avec les sommets couleur d'albâtre. La route n'est plus depuis bien longtemps, seule une piste subsiste, comme une timide tentative de se frayer un chemin. Au bout de l'effort tout de même, un village, des lumières et des enfants qui s'égaillent parmi les chèvres. Le bout du monde est enfin derrière nous.

Lac Issyk-Koul

KAZAKHSTAN

• Almaty

■ **Bichkek**

Vallées de
Soussamir et Chou • • Kochkor   Région de l'Issyk-Koul

Tachkent   Région de Kizil Oï

OUZBÉKISTAN   Région du lac Son Koul   Bokonbayevo

KIRGHIZISTAN

CHINE

Kachgar

TADJIKISTAN

Le Kirghizistan
à la carte

République kirghize

Capitale Bichkek

Langues officielles
Kirghize, russe

Religion Islam

Étiquette Chez les nomades, ne
refusez jamais la nourriture qui
vous est proposée, ce serait les
insulter. Et remerciez Allah avant
de manger en joignant vos mains,
paumes tournées vers le ciel.

Un plat Le *beshbarmak*,
typiquement nomade, est
constitué de viande de cheval
cuisinée avec des oignons,
pommes de terre, pâtes et épices.

Une personnalité Tchinguiz
Aitmatov, écrivain soviétique du
XXᵉ siècle, a mis en exergue au
travers de son œuvre l'oppression
dont étaient victimes les
dissidents au régime stalinien.

Jour 10

Vallées de Soussamir
et Chou – Bichkek

Arrêt dans une petite bourgade où repose
une figure symbolique pour toute la
région : Kojomkul, qui a donné son nom
au village, était un géant d'une force
indescriptible. Outre ses facultés surhu-
maines, il est surtout connu pour avoir
contré les dogmes soviétiques et créé un
esprit communautaire qui subsiste encore,
même si sa tombe est désormais livrée au
froid mordant et aux vents de montagnes.
Plus bas, les vallées de Soussamir et Chou
sont couvertes de pâturages où paissent
des troupeaux qui n'ont que faire de notre
présence, nous les nomades qui ne sont
toujours que de passage.

Nature et grands espaces

169

► **Quand y aller ?**
Le pays des Kiwis se découvre à son meilleur en février,
période des vendanges et des festivals d'été qui animent
les villes. D'autant plus que sur les deux îles, la nature
est en fête et ruisselle de couleurs.

Milford Sound

Nature et grands espaces

► **20 jours**

► **D'Auckland
à Christchurch**

Pour qui ?
Pourquoi ?

*Les amateurs de plein air et
de sport en pleine nature se
délecteront en Nouvelle-Zélande.
Mais la découverte ne s'arrête
pas là : villes au charme certain
et cultures indigènes font du pays
une destination lointaine mais
indispensable.*

Inoubliable...

*À Te Puia, s'essayer à la danse poi,
version féminine du féroce haka.*

*Apprécier une soirée écossaise
dans un pub typique de Dunedin.*

*Faire une croisière sur le Milford
Sound, le plus beau fjord du
monde.*

*Survoler les paysages variés du
parc national du Mont Cook.*

Nouvelle-Zélande
Panoramas du bout du monde

a terre du long nuage blanc, *Aoteraroa* en maori, a reçu le plus beau cadeau de la nature, comme pour la soulager de son isolement au bout du monde. Montagnes théâtrales, vignobles réputés et geysers majestueux se partagent un territoire dont chaque étape invite au dépaysement. En hommage à cette beauté toute de vert, blanc et bleu, l'homme s'est offert un art de vivre paisible, même dans les villes où décontraction et activités de plein air vont de pair avec un héritage métissé tout en harmonie. On vient en Nouvelle-Zélande pour retrouver l'ambiance du premier matin du monde, de la sérénité totale du Milford Sound aux effigies muettes des Maoris.

Mont Eden, Auckland

Parc national du Mont Cook

Art maori, Te Puia

Tongariro Crossing

Itinéraire

Jours 1 et 2

Auckland

La Cité des voiles est souvent classée dans le peloton de tête des villes pour la meilleure qualité de vie au monde. Découvertes culturelles avec le village colonial de Parnell et les nombreux musées, ou vie au plus près de la nature, Auckland est un kaléidoscope de sensations. C'est depuis la caldeira du mont Eden ou au sommet de la Sky Tower qu'on observe le mieux cette métropole si accueillante. En été, elle est le théâtre d'un déluge de festivals et de manifestations en plein air.

Jours 3 et 4

Rotorua

Cette région très volcanique abonde en sources thermales et geysers, comme è Whakarewarewa. C'est aussi le creuset de la culture maorie, monument identitaire dûment transmis à l'Institut des arts et de l'artisanat de Te Puia. À Rainbow Springs, plusieurs écosystèmes de Nouvelle-Zélande sont reconstitués pour faire découvrir la faune et la flore du pays.

Jours 5 et 6

Parc national de Tongariro

Populaire en hiver pour les pentes skiables de ses volcans, le parc est surtout un condensé de nature australe : randonnée au Tongariro Crossing, navigation sur la rivière Whangani ou survol en avionnette pour admirer les reliefs changeants.

Jour 7

Wellington

Bâtie en amphithéâtre sur la baie qui fait face à l'île du Sud, la capitale Wellington abrite plus de 50 musées, dont Te Papa, le musée national aux prestigieuses collections d'art. C'est aussi une pépinière de jeunes artistes qui débattent dans les nombreux cafés ouverts sur la rue. Du mont Victoria, le panorama sur la ville et ses environs est inoubliable.

Nature et grands espaces

Mer de
Tasman

Auckland

Rotorua

Parc national de Tongariro

Parc national
Abel Tasman

Punakaiki/
Parc national de Paparoa

Greymouth

Franz Josef

Milford Sound

Te Anau

Queenstown

Dunedin

Wellington

Picton

Marlborough

Christchurch

Parc national
du Mont Cook

Océan
Pacifique

Glacier Franz Josef

Queenstown

Takahé

Jours 8 et 9

Picton – Marlborough – Parc national Abel Tasman

Traversée en ferry du détroit de Cook pour arriver à Picton, porte de la région la plus ensoleillée et grenier du pays. C'est aussi là que sont cultivés certains des meilleurs vignobles, autour de Marlborough. Depuis Kaiteriteri, on atteint le parc Abel Tasman et ses plages paisibles et sauvages.

Jour 10

Punakaiki – Parc national de Paparoa

C'est l'Irlande aux antipodes. Près du petit bourg de Punakaiki, on peut explorer Paparoa et son site sauvage. Des vagues puissantes se jettent sur de curieuses formations rocheuses couvertes de stries horizontales, d'où leur surnom de *pancakes rocks*. Ce phénomène résulte de l'alternance de couches de sédiments et de petites créatures marines.

Jour 11

Greymouth – Franz Josef

Les paysages contrastés de la côte ouest figurent parmi les plus beaux de tout le pays : forêts tropicales, glaciers, lacs sinueux et vallées se déploient harmonieusement tout autour de Greymouth. Point d'orgue de cette nature extravagante, le dénivelé gracieux du glacier Franz Josef, qu'on peut explorer en trek ou en hydravion, avant de barboter sans scrupule dans les *hot pools*, ces sources d'eau chaude entourées de forêts.

Jours 12 et 13

Queenstown

C'est à Queenstown, ville des sports de plein air à pratiquer toute l'année, qu'on se refait une santé ! Ski, rafting sur la rivière Dart, équitation ou randonnée, les reliefs des environs incitent immédiatement à se dépenser sans compter. Une remontée en téléphérique jusqu'au Bob's Peak permet l'observation du cadre somptueux qui entoure Queenstown.

Jour 14

Milford Sound – Te Anau

On ne saurait voyager au pays des *Kiwis* sans passer par le Milford Sound, où c'est en croisière que l'on profite le mieux du

Parc national Abel Tasman

Cook, point culminant de toute l'Océanie à 3 754 m. Cette montagne, sacrée pour les Maoris, surplombe des milieux très variés : vallée de Hooker qu'on découvre en rando, lac Hooker qui se prête aux excursions en zodiac, ou encore le glacier Tasman à survoler en hélicoptère.

Jours 19 et 20
Christchurch

On y vient pour ses jardins botaniques, les plus beaux de tout l'hémisphère Sud, depuis la route qui traverse le Mackenzie Country et ses prairies alpines. Mais Christchurch, c'est aussi un village aux faux airs bretons à quelques kilomètres, Akaroa, ou la possibilité d'observer baleines et dauphins le temps d'une excursion en zodiac autour de la péninsule de Banks, avant de partir en expédition en Antarctique.

La Nouvelle-Zélande à la carte

État de Nouvelle-Zélande

Capitale Wellington

Langues officielles Anglais, maori

Religion Christianisme

Étiquette Il est préférable de demander la permission avant de photographier les bâtiments, effigies ou autres symboles de la culture maorie, toujours sacrée en Nouvelle-Zélande.

Un plat Incontournable, l'agneau rôti est servi avec une sauce à la menthe.

Une personnalité Jane Campion, née à Wellington, explore dans son œuvre cinématographique le bouillonnement de personnages féminins dans un monde mené par les hommes.

---

spectacle sans égal des montagnes aux cônes parfaits plongeant dans les eaux peuplées de dauphins et de cétacés de fjord. Illuminés par les rayons du soleil, sommets enneigés et falaises abruptes composent une nature morte en trois dimensions simplement fabuleuse. Retour sur Te Anau, pour y visiter le Wildlife Center et rencontrer sa mascotte, le *takahé*, au plumage mordoré et incapable de voler !

Jours 15 et 16
Dunedin – Péninsule d'Otago

Il ne manque que des effluves de scotch ou un air de cornemuse en sourdine à Dunedin, ce morceau d'Écosse téléporté à l'autre bout du monde. Flèches gothiques et façades victoriennes parsèment cette ville dynamique qui s'est développée lors de la ruée vers l'or néo-zélandaise. À l'est, la péninsule d'Otago est le paradis de l'écotourisme avec ses colonies de manchots aux yeux jaunes, ou d'albatros à Tairoa.

Jours 17 et 18
Parc national du Mont Cook

On longe d'abord la côte nord de l'île pour s'arrêter à Moeraki, dont la plage est constellée de curieuses boules de roche, avant de continuer vers Oamaru. Son centre historique de styles georgien et victorien est un chef-d'œuvre architectural. Au loin se dressent les Alpes néo-zélandaises et le majestueux mont

Tanjore, Inde

174

Histoire et culture

Voyager pour découvrir et pour s'éveiller aux merveilles du passé et aux traditions d'aujourd'hui.

Jérusalem

▶ **Quand y aller ?**
L'été peut être chaud – notamment dans les régions plus désertiques –, mais la ferveur populaire, les festivals et autres animations culturelles battent leur comble en juillet.

▶ **13 jours**

▶ **De Tel-Aviv à la mer Morte**

Pour qui ? Pourquoi ?

Ce carrefour de civilisations a tout pour séduire les aficionados de culture, d'histoire et de religion. En Israël, chaque pierre conte une partie de l'histoire de l'humanité.

Inoubliable...

▸ Participer à la frénésie estivale de Tel-Aviv.

▸ S'imprégner du mysticisme de la Kabbale à Safed.

▸ Observer le rituel des prières au mur des Lamentations de Jérusalem.

▸ Savourer une pause thalasso à la mer Morte.

Histoire et culture

Israël
Terre promise, terre sacrée

Certains y viennent poussés par leur fibre mystique, d'autres pour revenir aux origines du monde, d'autres enfin pour vivre l'instant de l'Histoire. Fiestas sur la côte et spiritualité dans les terres, sites antédiluviens et esprits cosmopolites se confondent sur ce petit territoire au grand cœur qui vit l'utopie d'une réconciliation des esprits. Voyager en Israël est tout sauf innocent et l'on en repart toujours éveillé, avec un sourire débordant. À travers ce périple, vivez la beauté d'un pays aux mille facettes et plongez au cœur du sacré.

Tel-Aviv

Plateau du Golan

Site de Beth She'an

Itinéraire

Jours 1 et 2

Tel-Aviv

On l'appelle la ville qui ne dort jamais ou encore la «bulle». Malgré les tracas politiques qui agitent le reste du pays, Tel-Aviv est une parenthèse d'insouciance ouverte sur la mer. Son foisonnement culturel, du port antique de Jaffa au marché de Belazel en passant par le quartier du Bauhaus, en fait une capitale à part pour la jeunesse internationale qui s'y retrouve chaque été.

Jour 3

Césarée - Haïfa

Née sous l'occupation perse et magnifiée par les Romains, Césarée arbore toujours de beaux restes antiques, dont certains furent remontés des profondeurs méditerranéennes. Non loin de là, Haïfa, plus grand port du pays, étale des kilomètres de plages inondées de soleil et érige le farniente en véritable religion.

Jour 4

Saint-Jean d'Acre

Tendons l'oreille pour entendre au loin le tressaillement des cottes de maille des croisés, qui transformèrent la ville avec d'imposantes fortifications toujours vaillantes. Votre défi du jour, mettre la main sur le trésor des Hospitaliers, perdu depuis huit siècles! Serait-il englouti sous les eaux turquoise des grottes de Rosh Hanikra?

Jours 5 et 6

Safed - Lac de Tibériade

L'une des quatre villes saintes d'Israël, Safed est le berceau de la Kabbale juive. Il suffit de se promener dans ses étroites ruelles aux volets peints de bleu ou d'admirer les synagogues datant du Moyen Âge pour saisir tout le mysticisme des lieux, avec en sourdine les litanies des rabbis consciencieux. Aux abords du lac de Tibériade –, la mer de Galilée, là ou le Christ trouva ses premiers adeptes –, les lieux saints abondent: Capharnaüm, le mont des Béatitudes ou Tabgha.

Jour 7

Plateau du Golan

À la fois propice aux treks sur la trace d'épisodes bibliques et à la découverte des

Mer Morte

Basilique de la Nativité, Bethléem

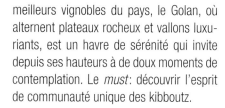
Histoire et culture

Jérusalem

L'islam, le christianisme et le judaïsme l'ont tous trois élue ville sainte. C'est dire si Jérusalem est un enjeu de taille, et ce, depuis des siècles. On visite ses hauts lieux comme la mosquée al-Aqsa, le dôme du Rocher et le Saint-Sépulcre; on vit au gré de ses marchés, souks et ruelles secrètes; et enfin on comprend dans ses musées et mémoriaux comme Yad Vashem. Plusieurs jours sont absolument nécessaires pour se laisser renverser par l'atmosphère unique au monde de la métropole, qui possède de surcroît un rare sens de l'hospitalité.

meilleurs vignobles du pays, le Golan, où alternent plateaux rocheux et vallons luxuriants, est un havre de sérénité qui invite depuis ses hauteurs à de doux moments de contemplation. Le *must*: découvrir l'esprit de communauté unique des kibboutz.

Jour 8
Site de Beth She'an

La vallée du Jourdain fut peut-être autrefois terre de miel et de lait, mais elle recèle surtout des paysages contrastés et pleins d'âme. Un peu plus loin, objet de convoitise de nombreuses civilisations du passé, Beth She'an possède la solennité des sites d'exception. À travers les strates de pierre et les mosaïques arachnéennes qui tapissent les palais disparus, on lit en filigrane la grandeur de cette Belle d'Orient.

Jours 9 à 11
Jérusalem

Les murs de Jérusalem, cœur spirituel d'Israël, sont aussi anciens que les cultes qu'ils abritent. Trois religions se parlent à travers des monuments comme le dôme du Rocher pour l'islam, le mur des Lamentations pour le judaïsme ou le Saint-Sépulcre pour les chrétiens, tous symboles d'une spiritualité immémoriale. Une balade au mont des Oliviers ou dans les quartiers de la vieille ville vous éveillera à celle-ci, mais pour mieux comprendre Jérusalem, il faut aussi s'écarter des hauts lieux et rencontrer ses habitants, comme cette famille qui vous invitera pour *shabbat*.

Jour 12
Bethléem - Jéricho

Incursion en Palestine pour découvrir la ville de naissance de Jésus, et surtout sa basilique de la Nativité, dont l'entretien est un objet de dispute cocasse entre croyants arméniens, franciscains et orthodoxes.

Saint-Jean d'Acre

Affable, la population accueille depuis deux millénaires les pèlerins fébriles venus du monde entier. À Jéricho, la cité des palmiers, point de trompettes, mais on remonte davantage dans le temps en foulant le sol d'une des plus vieilles villes du monde : 11 000 ans nous séparent de la date de sa fondation !

Jour 13

Mer Morte

C'est un monde à part, un kaléidoscope de teintes que le sel rogne peu à peu et recouvre de formes extraterrestres. Vous ne marcherez peut-être pas sur l'eau comme Jésus, mais ferez l'expérience d'une thalasso aussi naturelle qu'inédite, sous l'œil d'aigle de l'antique forteresse de Massada.

LIBAN
Mer Méditerranée
Plateau du Golan
Saint-Jean d'Acre
Safed
Haïfa
Lac de Tibériade
Beth She'an
Césarée
Cisjordanie
Tel-Aviv
Jéricho
Jérusalem
Bethléem
JORDANIE
Gaza
Mer Morte
ISRAËL

Israël à la carte

État d'Israël

Capitale Jérusalem (selon la Knesset)

Langues officielles Hébreu, arabe

Religions Judaïsme, christianisme, islam

Étiquette La Shoah et les tensions israélo-palestiniennes sont deux sujets qui n'ont de place dans aucune conversation avec un étranger.

Un plat Le halva, sorte de nougat crémeux à base de beurre de noix, sucre et farine, connaît une infinité de variantes : au sésame, aux pistaches, à la cannelle...

Une personnalité Dana International est une figure de proue des minorités israéliennes. Chanteuse transsexuelle, elle connaît un succès mondial et pérenne, malgré les menaces de mort des juifs ultra-orthodoxes.

Histoire et culture

179

Patan, région de Katmandou

▶ **Quand y aller ?**
Octobre et novembre sont les périodes les plus propices pour un trek ou une découverte des sites historiques. De plus, la mousson étant passée par là, c'est l'assurance d'admirer des paysages luxuriants dans les basses vallées.

▶ **15 jours**

▶ De **Katmandou** à **Lhassa**

Histoire et culture

Pour qui ?
Pourquoi ?

Pour tout voyageur attiré par la spiritualité et l'esprit d'aventure, ce voyage offre une expérience de dépaysement absolu et invite du même coup à l'introspection.

Inoubliable...

▸ Assister à une séance de méditation bouddhiste.
▸ Flâner à l'envi dans l'envoûtante Bhaktapur.
▸ Contempler le lever du soleil sur l'Himalaya depuis Nagarkot.
▸ Découvrir le Népal rural à Bungamati ou Dhampus.

Népal et Tibet
Le chemin des Cieux

Des grandes chaînes montagneuses de l'Himalaya et de l'Annapurna jusqu'à la sereine vallée de Katmandou, ce monde est semé de temples, sanctuaires, stupas, qui rappellent chaque fois l'importance du divin et son emprise sur l'homme. Népal et Tibet : deux destinations unies par un syncrétisme religieux où Shiva est frère (ou presque) de Bouddha et où les traditions séculaires rythment un quotidien inchangé depuis des siècles. Découvrez ce monde à part, de Bhaktapur la médiévale jusqu'aux monastères qui entourent Lhassa, et laissez-vous transporter aussi loin que porte l'écho des trompes de bronze saluant les dieux.

Buddhanath

Un yack

Katmandou

Itinéraire

Jours 1 et 2

Katmandou

Voilà une bien curieuse fourmilière que cette ville: tout affairée à se forcer un chemin dans le monde moderne, elle ne renie pas pour autant un incroyable patrimoine historique et religieux, avec en exergue Durbar Square, cœur de la vieille cité. S'y alignent maisons nobles et temples où résident plus de dieux que l'Himalaya ne compte de sommets. Frayez-vous donc un chemin entre les *sâdhu* peinturlurés pour trouver la meilleure échoppe de thé au beurre.

Jour 3

Vallée de Katmandou

Les paysages de la vallée de Katmandou sont parmi les plus beaux du pays. Deux sites majeurs sont à visiter sur la route: Pashupatinath et son temple sacré, dédié à Shiva, et surtout Buddhanath, gigantesque stupa du XIVe siècle surmonté de la *harmika*, où sont peints les yeux de Bouddha, comme des fenêtres sur l'âme népalaise.

Jours 4 et 5

Changu Narayan - Bhaktapur

Plus ancien temple de tout le Népal, Changu Narayan fut dédié à Vishnu selon une légende locale et figure de nos jours comme un chef-d'œuvre du style pagode.

Non loin de là, Bhaktapur exhale un charme éblouissant. C'est en décryptant les sculptures ésotériques, et en s'aventurant dans les jardins secrets qui ponctuent cette cité médiévale hindouiste, qu'on saisit le fond de son âme.

Jour 6

Namo Buddha

Quelle splendeur que ce monastère aux toits couverts d'or, enveloppé de brume mauve à l'aube… C'est là que Bouddha, dans un symbole sacrificiel unique, aurait arraché tous ses membres pour rassasier la tigresse-démone. Entre deux méditations, les bonzes font résonner leurs trompes de bronze, comme pour conjurer le retour de cette vilaine inopportune.

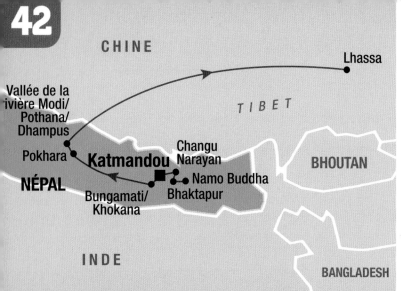

Bhaktapur

Monastère de Ganden, Tibet

Hindouisme et bouddhisme au Népal

Le Népal possède une tradition très fortement hindouiste, dont se revendique au moins 80% de la population. En 2006, la constitution du pays a inscrit la liberté de culte et la laïcité, favorisant une émergence des autres religions sur le territoire népalais. Cependant, le caractère sacré de l'Himalaya agit comme un catalyseur et attire de nombreux religieux influents, de confession hindouiste et bouddhiste – ces derniers représentent 9% de la population. Aujourd'hui, les deux communautés, disséminées en diverses sectes, vivent en harmonie et partagent de nombreux rituels de culte, parfois les mêmes temples et sanctuaires.

Jour 7
Bungamati - Khokana

On entre au pays Newar, constellé de rizières luxuriantes, comme on pousse la porte d'un rêve. Encore ancrés dans une ambiance moyenâgeuse, les villages de Bungamati et Khokana respirent la paix le long des ruelles bordées de maisons en brique. Et il est inutile de résister aux petites merveilles que produit l'artisanat du coin, c'est d'ailleurs le plus beau de tout le pays.

Jour 8
Pokhara

Tout d'abord, un vol inoubliable et des vues spectaculaires sur les chaînes du Langtang et de l'Annapurna, qui semblent étendre leurs créneaux immaculés jusqu'à l'infini.

Puis Pokhara, point de départ de nombreux treks dans la région avec, en point de mire, l'Himalaya, qui se reflète depuis l'éternité dans les eaux zen du lac Phewa.

Jours 9 et 10
Vallée de la rivière Modi

On suit ce cours d'eau dans la vallée du même nom, dominée de part et d'autre par d'imposants massifs dont le Macchapuchare, jamais gravi car sacré aux yeux de la population locale: on vous soutiendra même que c'est la demeure de Shiva. À Tanchok, visitez un charmant musée qui met en scène le quotidien des villageois, avant que le rire innocent des enfants de la campagne ne vous emporte avec leurs danses et chants hérités du fond des âges.

Jour 11
Pothana - Dhampus

En redescendant des hauteurs, le paysage change peu à peu et se mue en forêt subtropicale, véritable jardin d'Éden où abondent orchidées et bosquets de magnolias. De là, on arrive à Dhampus, un tout petit bourg ceinturé par les sommets enneigés de l'Annapurna: une vision aussi inattendue que grandiose!

Jour 12
Vallée de Pokhara

De retour vers Pokhara, entre collines verdoyantes et terrasses bien peignées, plongez-vous dans la spiritualité locale en découvrant le splendide stupa de la Paix au Monde ou les temples qui bordent la rivière Seti. De loin en loin, des yacks baillent placi-

Histoire et culture

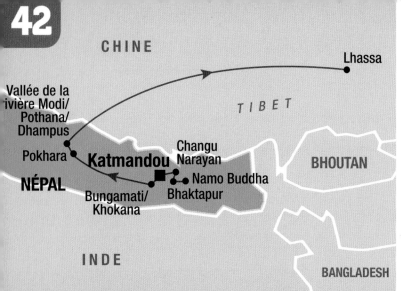

Vallée de Pokhara

dement, nullement gênés par les ribambelles de drapeaux de prière qui manquent toujours de s'emmêler dans leurs cornes.

Jours 13 à 15
Lhassa et sa région

À Lhassa, capitale en pleine mutation, les édifices témoignent de la dévotion totale des Tibétains : si le monastère de Jokhang est le cœur spirituel du Tibet depuis des siècles, le Norbulingka, ancienne résidence des dalaï-lamas, et surtout le Potala, incroyable gâteau de pierre rouge et blanc, imposent toute leur majesté au regard. Mais c'est hors de la ville que le sacré atteint son paroxysme : les monastères de Drepung, Sera et Ganden semblent figés des siècles en arrière, dans une prière sans fin.

Le Népal à la carte

République démocratique fédérale du Népal

Capitale Katmandou

Langue officielle Népalais
(**autre langue :** anglais)

Religions Hindouisme, bouddhisme

Étiquette Seule la main droite est considérée comme pure, celle de gauche ne doit jamais toucher de nourriture.

Un plat Le *gyang-to*, une soupe d'épinards relevée de piment rouge, de poivre et d'herbes locales.

Une personnalité Ani Chöying Drolma, une nonne bouddhiste qui continue de populariser les chants folkloriques tibétains.

Le Tibet à la carte

Région autonome chinoise du Tibet

Capitale Lhassa

Langue officielle Mandarin
(**autre langue :** tibétain)

Religion Bouddhisme tibétain

Étiquette Ne pas toucher les statues de Bouddha, drapeaux de prière ou objets religieux afin de ne pas les souiller.

Un plat Le *po cha*, ou thé au beurre rance de lait de yack, est la boisson nationale.

Une personnalité Jamyang Kyi, chanteuse, journaliste et écrivaine, consacre l'essentiel de son œuvre au sort des femmes tibétaines.

Histoire et culture

▶ **Quand y aller ?**
La meilleure période pour visiter le Chiapas et le Yucatán se situe entre décembre et mars. La touffeur tropicale se fait moins sentir que durant l'été, surtout dans la jungle et sur les sites archéologiques écrasés de soleil.

▶ **12 jours**

▶ De **Chichén Itzá** à **Playa del Carmen**

Pour qui ? Pourquoi ?

Terres de contrastes, le Yucatán et le Chiapas abritent à la fois un héritage colonial espagnol très prégnant et une multitude de cultures indigènes. Un circuit idéal pour les archéologues en herbe en manque de rencontres insolites.

Inoubliable...

▶ S'enfoncer dans les gigantesques grottes de Loltún.
▶ Découvrir le site de Palenque au lever du soleil.
▶ Rencontrer les populations indigènes de San Cristóbal de las Casas.
▶ Faire du kayak dans la lagune de Bacalar.

Mexique
Secrets du Chiapas et du Yucatán

On nous l'a maintes fois ressassée, l'histoire de ces Mayas vindicatifs et aux faux accents de Cassandre. La fin du monde étant enfin passée, il est temps de s'aventurer dans ces terres mystérieuses, tour à tour azur, émeraude et or. Le long d'un fleuve paisible, au cœur d'une forêt inextricable, du sommet de temples moussus ou à l'ombre d'une *plaza* coloniale, le Yucatán et le Chiapas, ces deux frères longtemps ennemis jurés, protègent une légende magique. À défaut d'en avoir percé tous les secrets, nous la racontons à notre tour.

Palenque

Grottes de Loltún

Tissage, San Juan Chamula

Lagune de Bacalar

Itinéraire

Jour 1

Chichén Itzá

Chichén Itzá pourrait être le terrain de jeu du prochain *Indiana Jones*, tant ses ruines évoquent mystères du passé et trésors perdus. Entre les colonnes de pierre du temple des Guerriers et les marches du Castillo, partez sur les traces des fiers Mayas, visitez une hutte traditionnelle, admirez un artisanat riche et bariolé.

Jour 2

Mérida

Ici la couleur et la joie abondent. Fondée par les conquistadors, la cité blanche aligne ses palais autour d'un *zócalo* toujours bruissant de vie. Après une visite au musée d'anthropologie, allez taper des mains au son d'une guitare qui rythme le froufrou des *huipiles*.

Jour 3

Mérida - Uxmal - Loltún - Mérida

Solennel et poétique, Uxmal est sûrement le plus beau site du Yucatán. Les pyramides et temples aux noms étranges (maison des Tortues, quadrilatère des Nonnes, pyramide du Devin) continuent d'exalter la puissance d'une civilisation glorieuse. Et dans les grottes de Loltún, on n'a simplement pas les oreilles assez grandes pour entendre l'écho formidable qui chemine dans cette cathédrale naturelle.

Jour 4

Mérida - Campeche

L'UNESCO a eu le nez fin en inscrivant Campeche à son patrimoine mondial pour ses formidables remparts, ses demeures coloniales et ses arches élégantes. Les ombres des plus grands pirates des Caraïbes hantent toujours l'horizon, mais heureusement, désormais seuls les palmiers s'agitent sous la douce brise yucatèque.

Jour 5

Campeche - Agua Azul - San Cristóbal de las Casas

Après les cascades d'Agua Azul, bienvenue chez eux, ces Indiens qui, à force de

Histoire et culture

185

Chichén Itzá

Golfe du Mexique

Cancún

Mérida

Chichén Itzá

Uxmal

Playa del Carmen

Campeche

Bacalar

Calakmul

MEXIQUE

Agua Azul

San Juan Chamula

Palenque

Zinacantán

Yaxchilán

Bonampak

San Cristóbal de las Casas

BELIZE

Mer des Caraïbes

Océan Pacifique

Lagunes de Montebello

GUATEMALA

HONDURAS

Fresques, Bonampak

L'eau et le sacré

Si le Yucatán abrite certaines des plus belles ruines mayas, ces cités-États ont toujours vu leur prospérité assujettie à un élément crucial : l'eau. Désespérément sec et dépourvu du moindre cours d'eau, l'ingrat sol yucatèque a contribué à la ruine de merveilles comme Uxmal. D'où l'omniprésence de la figure tutélaire du dieu de la pluie Chac, qu'on retrouve sur de très nombreux bas-reliefs et façades des monuments, et des *cenotes*, ces puits naturels remplis d'eau douce dans lesquels on jetait des offrandes ou des victimes sacrificielles pour en appeler à la bienveillance des dieux.

sourires enjôleurs – et sincères –, vous initieront à un jeu d'osselets vieux d'à peine 10 siècles. En fin de journée, on se repose devant les façades baroques qui se bousculent à chaque coin de rue et on succombe aux motifs traditionnels tzotziles.

Jour 6

San Juan Chamula - Zinacantán

Ces deux petites villes seront l'occasion de rencontrer les souriants *Chiapanecos*, comme Doña Antonia, grande prêtresse de la bonne humeur et du tissage local. Apprivoisez son vieux métier qui bringuebale et vous repartirez avec une *tortilla* faite maison, celle-là même que vous aurez cuisinée.

Jour 7

Lagunes de Montebello

N'importe quel peintre rêverait de tremper son pinceau dans la palette infinie de bleus qu'offre Montebello. De nombreux sentiers vous guideront à travers cet éden d'une plénitude infinie, peut-être le joyau naturel du Chiapas.

Jour 8

Biosphère de Montes Azules - Bonampak

Pas besoin de prendre des jumelles pour que plumes, poils et écailles glissent dans votre champ de vision. Occupés à répandre

les rumeurs de l'arbre voisin, les toucans vous accompagneront jusqu'au merveilleux site de Bonampak, dont les fresques racontent le monde maya façon BD cryptée.

Jour 9

Forêt Lacandona - Yaxchilán

C'est peut-être le début du monde qui s'est joué sur les rives du fleuve Usumacinta. À vous de l'imaginer le temps d'une balade en pirogue, pendant que la faune du coin répète son *show* sans fausse note. Arrivée à bon port à Yaxchilán, ancienne cité maya où les figures de pierre absurdement

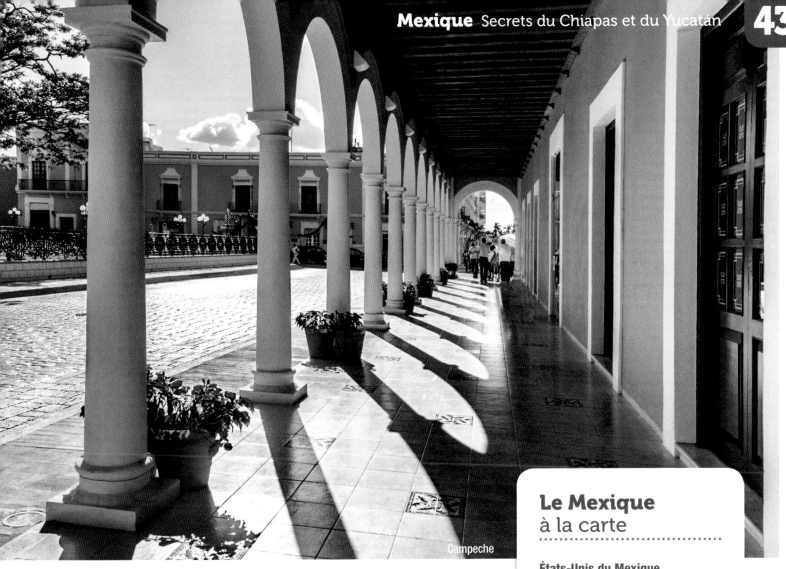

Campeche

chamarrées s'animent en silence devant le temple de Kukulcán.

Jour 10

Palenque

Palenque se découvre à l'aube, quand le ciel est encore mauve et la nature ruisselante de rosée. Dans un cadre inouï, la cité royale se débarrasse des pans de brume et les crêtes ajourées des édifices revêtent leur gloire passée, entre vapeurs d'encens, rites chamaniques et appels aux dieux.

Jour 11

Calakmul - Bacalar

Évitez de croiser un jaguar du regard, il ne prête sa forêt que de loin. Il vaut mieux musarder entre les stèles et les *plazas* de Calakmul, sorte de Sparte précolombienne. Et puisque tant de majesté architecturale peut sembler écrasante, rien de tel que les lagons transparents de Bacalar non loin de là, pour la paix des sens.

Jour 12

Playa del Carmen

On pose son sac, on ferme les yeux et on s'enivre du nuancier tropical, simplement. Le sable blond roule sous les orteils, les vagues sont dociles, la *margarita* est bien fraîche. Le temps s'arrête.

Le Mexique à la carte

États-Unis du Mexique

Capitale México

Langue officielle Espagnol (**autres langues :** plusieurs dizaines de langues indigènes)

Religion Catholicisme

Étiquette Les codes vestimentaires sont stricts dans ce pays très religieux. Ainsi on évite de découvrir ses bras ou ses jambes dans les endroits publics.

Un plat Le poulet *pibil*, cuisiné dans une feuille de bananier avec des piments, de la pâte de rocou (*achiote*) et des épices, est une recette maya traditionnelle.

Une personnalité Lila Downs, chanteuse *ranchera* à la voix vibrante, qui doit une partie de sa popularité à son engagement dans les causes pour l'enfance.

Histoire et culture

▶ **Quand y aller ?**
Il est préférable de visiter l'Inde du Sud
au mois de janvier, quand la chaleur et
l'humidité se font moins sentir. Durant
cette période qui suit la mousson, la
nature explose de mille couleurs.

Temple de Minakshi, Madurai

▶ **11 jours**

▶ De **Chennai**
à **Cochin**

Histoire et culture

Pour qui ?
Pourquoi ?

*Pour les amateurs de musiques
et de danses traditionnelles. D'est
en ouest, cet itinéraire parcourt
plusieurs régions cultivant
chacune un style artistique
distinct.*

Inoubliable…

▶ *Découvrir un à un les 180 temples
et monastères de Kumbakonam.*

▶ *Savourer un repas typique du
Chettinad.*

▶ *Visiter le centre des arts
traditionnels à Cheruthuruthy.*

▶ *Assister à un spectacle de
kathakali à Cochin.*

Inde
Rythmes et couleurs du sud

Inde du Sud, mode d'emploi : prenez une pincée d'épice rare, quelques gouttes de vert *backwaters*, jaune safran ou bleu roi-démon, un zeste de temples «pharaoniques» et faites cuire le tout 5 000 ans au son cadencé des sitars et des flûtes. Du Tamil Nadu au Kerala, tout est digne d'un superlatif : maquillages des éléphants ou fatras des vieilles villes, au gré des légendes et traditions hindouistes. Entre deux sites millénaires, immergez-vous dans un monde de musiques et de danses, où chacun des cinq sens a sa propre chorégraphie.

Backwaters, Kerala

Danseur de kathakali

Itinéraire

Jour 1

Chennai

D'emblée, Chennai nous impose le bruit et la fureur typiques de l'Inde. Le souvenir de cet ancien comptoir britannique s'est délité dans l'intense tradition de la danse *bharata natyam*, un charivari harmonieux vieux de 2 000 ans, et de la musique carnatique (de Carnatic), ciment culturel de la région.

Jour 2

Mahabalipuram

Changement de décor dans ce petit port de pêche bourré de charme où les sourires sont aussi flamboyants que les couleurs des barques sur la plage. Après avoir observé l'indolent ballet de celles-ci, direction le complexe de sanctuaires hindous qui s'étendent le long de la côte de Coromandel, en doublant au passage une caravane de vaches enguirlandées de fleurs.

Jour 3

Kumbakonam

Avec plus de 180 temples et monastères, cette ville remporte haut la main le titre de capitale spirituelle du Tamil Nadu. Toutes ces élégantes silhouettes de pierre égayent les ghats (escaliers) usés, alors qu'en arrière-plan s'élève la pyramide du Sarangapani, qui croule sous tout le panthéon hindou... maquillé comme une voiture volée.

Jour 4

Kumbakonam - Gangaikondacholapuram - Kumbakonam

Initiez-vous au *nadhaswaram*, instrument omniprésent dans la musique indienne religieuse, auprès d'une famille de mélomanes de Gangaikondacholapuram. L'oreille encore charmée, direction une authentique splendeur perdue dans la campagne, le temple de Brihadisvara, qui abonde en sculptures délicates. Plus loin, on arrose les cultures avec nonchalance.

Jour 5

Kumbakonam - Tanjore

Tanjore est le jardin du Sud, une terre d'épices. Elle se découvre et se lit comme

Pêcheurs, Cochin

INDE

Bangalore   **Chennai**

Mangalore   Mahabalipuram

Gangaikondacholapuram

Cheruthuruthy   Kumbakonam

Guruvayoor   Tanjore

Cochin   Madurai   Karaikudi

Océan Indien

SRI LANKA

Les temples dravidiens

Ces complexes monumentaux représentent le cœur de la ville. Ce sont même souvent des cités dans la cité, aménagées de manière concentrique depuis les murs extérieurs jusqu'au sanctuaire du dieu, le vimana. Autour de celui-ci se trouvent les salles d'accès et les cours déambulatoires, toujours très animées. Mais la caractéristique principale du temple dravidien est son ensemble de gopuras, ces immenses tours-portails couvertes de sculptures représentant le panthéon hindou et souvent abondamment colorées. Le temple de Minakshi, à Madurai, en compte 14, les plus hauts gopuras atteignant 52 m.

Histoire et culture

un long poème dédié à la puissante dynastie Chola, qui laissa son empreinte à travers toute la ville au gré d'une infinité d'édifices dravidiens. Pour entendre la chanson des dieux, il faut s'exercer sur une *vînâ*, sitar aux sons célestes, et se laisser porter par l'émotion.

Jour 6

Karaikudi

Capitale du langoureux Chettinad, le pays des saveurs infinies et des palais de pierres blanches, Karaikudi abrite aussi de nombreuses écoles de musique. C'est au cœur de cette architecture somptueuse que se célèbre un art de vivre épicurien et multicolore, entre vapeurs d'encens et danses suspendues dans le temps.

Jour 7

Madurai

De loin, Madurai darde d'étranges tours qui n'ont rien à envier à nos gratte-ciel : les gopuras, portails de sanctuaires fiévreux et perpétuellement animés, abritent le temple dédié à Minakshi, un des multiples avatars de Parvati. Surtout, les fleurs de jasmin embaument toute la ville, les femmes, parées de saris kilométriques, en semant avec coquetterie dans leur chevelure d'ébène.

Jour 8

Cheruthuruthy

Passé les Ghats occidentaux, la touffeur des lagunes n'est pas loin ; déjà le vert est plus intense et l'air plus aromatique. De

Marché, Chennai

villes sacrées, comme Palani et Palakkad la cosmopolite, en villages perdus, les mythes s'ancrent encore davantage dans la terre et les esprits. Ici s'exila un fils de Shiva, là Ganesh sema de l'or dans les récoltes. On pénètre un pays de cocagne tropical et serein. À Cheruthuruthy, éveillez-vous aux arts carnatiques au centre Kerala Kalamandalam, qui perpétue un enseignement traditionnel.

Jour 9
Guruvayoor

Nous y voilà enfin, dans ce Kerala luxuriant où les *backwaters* prennent de faux airs de Grand Canal vénitien un jour d'été. D'un bateau à l'autre, on se salue avant d'aller une nouvelle fois prier. D'ailleurs, la légende du temple de Guruvayoor, dont les murs du saint des saints illuminés d'une infinité de bougies scintillent comme de l'or, est si belle que les musiciens la chantent depuis des milliers d'années.

Jours 10 et 11
Cochin

Carrefour improbable de cultures, Cochin est de ces petits mondes où les différences se mêlent depuis des siècles. De basiliques portugaises en «palais hollandais» jusqu'aux antiquaires juifs, on hume le poivre noir sur les marchés, on observe le doux balancement des carrelets – ces filets de pêche apportés par les Chinois – sur la côte de Malabar et, le soir, on se laisse fasciner par un spectacle de kathakali, magique recréation des épopées hindoues.

L'Inde à la carte

République de l'Inde

Capitale New Delhi

Langues officielles Hindi et anglais (et une vingtaine d'autres langues)

Religion Hindouisme

Étiquette *Namasté* est la salutation d'usage qu'on fait en joignant les mains devant le torse et en inclinant légèrement la tête.

Un plat Un *masala dosa*, crêpe ou galette roulée à base de farine de lentilles noires, et fourrée d'un mélange de pommes de terre cuisinées avec oignons et épices variées.

Une personnalité Tyagaraja, illustrissime compositeur de musique carnatique ayant vécu au XVIIIe siècle, et qui a laissé un héritage artistique sans égal avec plus de 700 œuvres.

Histoire et culture

▶ **Quand y aller ?**
*Entre mai et octobre, lorsque la saison
des pluies est achevée et que les cultures
sont verdoyantes. Les températures sont
aussi plus agréables, mais on ne saurait
se passer d'un polaire pour faire face aux
nuits plus fraîches. C'est aussi en mai
ou en juin que se tient à Cusco la fête
colorée du Corpus Christi.*

Machu Picchu

Histoire et culture

▶ **13 jours**

▶ De **Lima**
au **Machu Picchu**

Pour qui ?
Pourquoi ?

*Les passionnés d'archéologie et
de culture humaine trouveront
leur compte dans cet itinéraire qui
multiplie les rencontres ethniques
et les découvertes historiques.*

Inoubliable...

- *Survoler les mystérieuses lignes
  de Nazca.*
- *Traverser l'Altiplano en train.*
- *Passer la nuit chez l'habitant sur
  le lac Titicaca.*
- *Contempler le lever du soleil au
  Machu Picchu.*

Pérou
Templo del sol

Il se souvient, ce fier pays aux mille cultures, des rois couverts d'or et des temples à Inti, le soleil créateur. Il se souvient des formes étranges tracées dans le désert, des forteresses imprenables et des incantations à Pachamama. Il se souvient d'un temps où l'on traversait les Andes en file indienne et à dos de vigogne, tout caparaçonné de laine chatoyante, depuis la Vallée sacrée jusqu'au Machu Picchu. Aujourd'hui toujours, depuis les galeries d'art de Lima jusqu'aux îles sanctuaires du lac Titicaca, le Pérou entretient une mémoire qui vit encore ardemment dans chaque visage buriné. Un voyage simplement hors du temps.

Altiplano

Arequipa

Itinéraire

Jour 1

Lima

Depuis toujours le poumon économique du pays – ce fut la principale place forte des conquistadors –, Lima se visite comme une introduction à la culture inca, avec le Musée de l'or, où sont exposées statuettes énigmatiques et parures royales, ou encore le musée Larco. Découvrez aussi le visage colonial de la ville aux abords de la Plaza Mayor, avec l'immense cathédrale et le palais du Gouverneur.

Jour 2

Îles Ballestas - Huacachina

On surnomme usuellement les îles Ballestas les « Galápagos péruviennes » pour leur faune joueuse constituée de manchots, cormorans et otaries. Le relief déchiqueté de cet archipel est aussi une réserve de guano, dont l'économie du Pérou tirera profit au XIXᵉ siècle. De retour sur la terre ferme, vous serez conduit dans un désert aux faux airs arabes dans l'oasis de Huacachina.

Jours 3 et 4

Nazca - Arequipa

Avec leurs lignes cabalistiques, les colibris, singes et araignées dessinés sur le plateau de Nazca sont les derniers vestiges d'une culture tournée vers le ciel et le divin. Plus au sud, Arequipa la blanche, avec ses innombrables monuments religieux, prolonge la veine spirituelle, mais cette fois catholique et ostentatoire. Faites la rencontre de ces deux mondes, précolombien et chrétien, unis par le sacré.

Jour 5

Canyon de Colca

On se croirait parfois sur la Lune, tant les paysages de Colca sont d'une âpreté inattendue. Sans troubler ce silence d'or, les vigognes de la réserve de Salinas y Aguada Blanca fondent leur pelage dans les infinies nuances de brun et de gris. Au bord de la route poussiéreuse, les marchands étendent soleils et Viracochas de laine tissée.

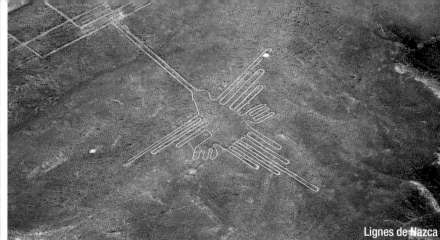

Condor, canyon de Colca

Lignes de Nazca

BRÉSIL

PÉROU

Lima

Îles Ballestas

Huacachina

Machu Picchu

Cusco

Nazca

Canyon de Colca

Lac Titicaca

Arequipa

La Paz

Océan Pacifique

BOLIVIE

Le lac Titicaca

À plus de 3 600 m d'altitude, le lac Titicaca revêt un caractère sacré pour les Indiens des Andes : c'est de ses eaux qu'aurait émergé le premier Inca. Si les Uros qui résidaient sur les îles de roseau flottantes se sont aujourd'hui éteints, un autre peuple, les Aymaras de Puno, a pris la relève et fait malheureusement commerce de ces traditions ancestrales. On peut dormir chez l'habitant, moyennant de la nourriture en guise de cadeau. Enfin, il ne faut pas omettre de visiter les trois «vraies» îles sacrées du lac : Amantani, Isla et Taquile. Chacune comporte des vestiges incas d'un grand intérêt, et surtout perpétue un artisanat inestimable, comme les arts textiles ou les céramiques.

Histoire et culture

Jour 6

Croix des condors

La population locale a préféré élire domicile dans les hauteurs de ce canyon, par endroits abyssal, et surveiller en rondes chronométrées ceux qui s'aventurent sur leur territoire : faites connaissance avec le condor andin, auguste vaisseau des cieux et gardien de la pampa de Chivay.

Jours 7 et 8

Lac Titicaca

Les Uros, peuple de l'eau depuis toujours et écologiques avant l'heure, ont inventé la ville en roseau avec leurs étranges îles flottantes. Ils protègent le souvenir de l'«île du Soleil», sacrée comme au temps de l'Empire inca. Si les gestes des artisans

sont les mêmes depuis l'aube des temps, leur hospitalité n'est pas qu'une légende.

Jour 9

L'Altiplano en train

Préparez-vous à une expérience unique : la traversée des paysages sauvages de l'Altiplano péruvien, des rives du lac Titicaca jusqu'à Cusco. Ce trajet de 10 heures à bord du luxueux train *Andean Explorer* alterne les sites archéologiques comme Raqchi, plus grand temple inca jamais construit, les paysages de plateaux andins et les vertigineux cols d'altitude – celui de La Raya culmine à 4 335 m.

Festival del Corpus Christi, Cusco

Jours 10 et 11

Cusco

Les Incas avaient donné à leur capitale la silhouette d'un puma, animal tutélaire. On peut encore admirer les fondations de certains de leurs édifices, véritables patchworks de pierres soudées, comme le temple du Soleil que les Espagnols détruisirent à leur arrivée avant de le coiffer de l'église Santo Domingo. Autour de la place d'Armes s'étend le plus grand centre historique urbain des Amériques.

Jour 12

Vallée sacrée

La multitude de sites qui s'enchaînent dans la vallée sacrée de l'Urubamba sont autant de témoignages sur le monde inca, et de Pisaq à Ollantaytambo, les ruines ne cachent plus d'autre trésor que le souvenir d'une civilisation aussi glorieuse que complexe. En contrepoint, Chinchero et ses jardins, tout comme les salines de Maras, apportent quelques indices sur un quotidien quasiment disparu.

Jour 13

Machu Picchu

On a tant dit sur cette cité mythique, et pourtant les mots faillent toujours à en rapporter la grandeur. C'est pourtant le symbole absolu de la fierté inca qu'on découvre depuis la porte du Soleil, une prouesse architecturale déployée en terrasses à flanc de montagne, dans une vision qui offre la résolution d'un mystère fait de quipus muets et d'empereurs belligérants.

Le Pérou à la carte

République du Pérou

Capitale Lima

Langues officielles Espagnol, quechua et aymara

Religion Catholicisme

Étiquette Demandez toujours l'autorisation avant de photographier quelqu'un et remerciez-le avec quelques pièces et un sourire.

Un plat Les *ceviches*, morceaux de poisson cru marinés dans du jus de citron et servis avec du maïs et des oignons émincés.

Une personnalité Atahualpa, le dernier souverain de l'Empire inca, fut exécuté par les conquistadors en 1533.

La rivière Li, Chine

Grands tours

Voyager aux quatre coins d'un pays pour en saisir l'âme : villes, sites naturels et rencontres.

▶ **Quand y aller ?**

Septembre est la meilleure période pour s'y rendre. Soleil toujours généreux, touristes repartis, prix plus tempérés, la Turquie se donne alors à son meilleur. Profitez en plus de la période des vendanges lors de votre passage en Cappadoce ou des festivals populaires à Izmir et Bodrum.

Istanbul

▶ **15 jours**

▶ **D'Istanbul à Kuşadasi**

Pour qui ?
Pourquoi ?

Carrefour de cultures depuis des millénaires, la Turquie plaira autant aux passionnés de civilisations que d'architecture. Mais c'est aussi une destination nature, entre les plateaux sculptés de la Cappadoce, les criques autour de Fethiye et les belles plages du sud.

Inoubliable...

▷ *Prendre un cours de cuisine à Istanbul et maîtriser l'art des meze.*

▷ *Faire une croisière entre Orient et Occident sur le Bosphore, avec les minarets des mosquées en toile de fond.*

▷ *Survoler la Cappadoce en mont-golfière, le meilleur moyen d'admirer toute la beauté de la région.*

▷ *Remonter dans le temps à Éphèse en parcourant ses grandioses ruines antiques.*

Grand tour de
Turquie

Levons le voile sur la Turquie, terre nourricière de cultures prodigieuses depuis des siècles et véritable trésor de civilisations. Pas un pas que vous ne ferez, pas une vision qui n'ouvre l'être aux languides rêveries orientales des harems des vizirs ou à la puissance des cités gréco-romaines. Un fabuleux héritage certes, mais qui trouve son écrin dans une nature multiple, faite de rivages dorés et accueillants, ou au contraire sorties d'un songe de Dalí. Voici un grand tour à perdre la tête, comme la mimique effrontée d'une transe de derviche.

La mosquée Selimiye, Edirne

Café turc

Soliman le magnifique

Figure indissociable de la splendeur ottomane, Soliman fut l'un des plus grands souverains du monde civilisé au XVIe siècle. Poursuivant l'expansion territoriale de l'Empire entamée par ses prédécesseurs au Levant, en Europe centrale et en Libye, il initie également grâce à son mécénat prodigue un âge d'or culturel durant lequel se développent les arts (musique, littérature, architecture, peinture) et les artisanats d'art (orfèvrerie, tapisserie, céramique). Il soutient aussi une série de projets pharaoniques destinés à faire briller la grandeur de l'Empire ottoman : la mosquée Süleymaniye à Constantinople, future Istanbul qu'il souhaite voir devenir le cœur de la civilisation islamique en y faisant construire ponts, palais, voies commerciales et manufactures de renom, et la mosquée Selimiye à Edirne. À Jérusalem, il fait restaurer le dôme du Rocher avant de sauver la Kaaba de La Mecque. Cinq siècles plus tard, le souvenir de cet homme d'État unique plane toujours sur la Turquie moderne.

Derviches, Konya

Itinéraire

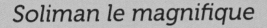

Jours 1 à 3

Istanbul

La ville tout entière n'est que sensations, odeurs, visions et réminiscences : Istanbul « se vit » avant de se visiter. Succombez à ses charmes en déambulant dans le Grand Bazar, en levant les yeux vers les minarets hiératiques de Sainte-Sophie ou de la Mosquée bleue à la beauté écrasante, ou en vous fondant dans le tableau orientaliste en 3D qu'est le palais de Topkapi. Mais rien ne vous projettera plus au cœur de la ville et de son incroyable diversité qu'une croisière sur le Bosphore, frontière entre deux continents qui aligne ses plus beaux panoramas le long de la Corne d'Or.

Jours 4 à 6

Cappadoce

C'est une terre où les pierres ont parlé à l'homme depuis toujours. Une litanie invisible qui s'échappe des fameuses cheminées des fées et pénètre dans les maisons troglodytiques et villes souterraines de Kaymakli et Derinkuyu, ces fourmilières géantes qui fascinent aujourd'hui. Au cœur de la Cappadoce, les églises rupestres du parc national de Göreme abondent en fresques byzantines de la période posticonoclaste et en saints chatoyants enrobés de lapis-lazuli. Une atmosphère unique qui ne se révèle pas mieux qu'en survolant la région autour de Nevşehir en montgolfière, moment fou où la terre sous vos pieds ressemble d'un coup à une grande meringue entamée.

Jour 7

Konya

Capitale des Turcs seldjoukides aux XIIe et XIIIe siècles, Konya est le berceau de l'ordre

Pamukkale

Bodrum

soufi des fameux derviches qui tournent sur eux-mêmes dans une danse proche de la transe, la *sema*. Visitez le mausolée de Mevlana et son musée adjacent pour découvrir les secrets des derviches. Autour de la ville, les médersas Karatay et Sirçali, anciennes écoles reconverties en musées, abritent une multitude d'objets d'art seldjoukide et ottoman. Enfin, remontez vers la citadelle couronnée par la mystique mosquée Ala'ad-Dîn, achevée au XIIIe siècle, qui emprunte à la fois aux arts byzantin et ottoman.

Jour 8

Antalya

On peut s'affranchir sans peine du bourdonnement de la « Riviera turque » pour s'élever vers la vieille ville de Kaleiçi, étalée sur une falaise abrupte. En contrebas survit un petit port authentique, bourré de charme quand la saison est passée. Après être passé sous la porte d'Hadrien, flânez dans les rues commerçantes ou partez à l'aventure sur les sentiers de l'arrière-pays, véritables paradigmes du paysage méditerranéen.

Jour 9

Pamukkale – Aphrodisias

On dirait un escalier de lait gelé. Les sources thermales de Pamukkale, uniques au monde par leur taille et leur aspect, ont un accès désormais limité, mais demeurent un attrait majeur de la région. Admirez le terrassement naturel de ces bassins immaculés se déversant les uns dans les autres avant de vous rendre à Aphrodisias, dont les frontons et visages sculptés pleins de grâce rappellent tout le raffinement romain. Le site abrite en outre le stade le mieux conservé de tout le Bassin méditerranéen.

Jours 10 et 11

Fethiye

De cette station balnéaire dotée d'une belle marina, on peut rayonner vers de multiples lieux d'intérêt : tombes lyciennes creusées dans les falaises au-dessus de la ville – dont le fameux tombeau d'Amyntas, villages de montagnes pittoresques d'Ocakköy et Hisarönü pour découvrir la Turquie rurale, où encore l'île de Gemiler, paradis des baigneurs où se dressent de mystérieuses ruines byzantines. Allez

Göreme, Cappadoce

marcher dans le canyon de Saklikent pour un peu de fraîcheur, puis dégustez une truite savoureuse dans l'un des nombreux restaurants de poissons.

Jours 12 et 13
Bodrum

L'ancienne Halicarnasse et son glorieux mausolée semblent loin, balayés par la fureur des nuits endiablées de Bodrum. Mais celle qu'on surnomme le Saint-Tropez turc se vit aussi au rythme de ses bazars et tavernes typiques, haltes rafraîchissantes sous les frondaisons des vignes. Ville maritime avant tout, Bodrum rend hommage à la mer avec un superbe musée d'archéologie sous-marine installé dans le château médiéval des Hospitaliers.

Jours 14 et 15
Ephèse – Kuşadasi

C'est le domaine des grandes dames : on dit que la Vierge Marie trouva refuge à Éphèse après la Crucifixion et vous pourrez y trouver un sanctuaire installé dans sa pseudo-demeure. Quelques siècles en arrière et non loin de là, le temple d'Artémis, déesse grecque de la Nature et de la Chasse, l'une des sept merveilles du monde antique, se vit démantelé pour construire Sainte-Sophie de Constantinople. Le site regorge encore de ruines gréco-romaines majestueuses, comme le théâtre, la bibliothèque de Celsus et la voie principale. À Kuşadasi, la ville s'écoule en terrasses jusque dans la plus belle baie de la mer Égée, pour une fin de voyage tout en soleil et en farniente.

La Turquie
à la carte

République de Turquie

Capitale Ankara

Langue officielle
Turc (**autre langue :** kurde)

Religion Islam

Étiquette On ne peut entrer dans une mosquée avec les jambes découvertes, et les femmes doivent porter un foulard.

Un plat Le *baklava*, pâtisserie sucrée faite de pâte feuilletée très fine (*yufka*), avec pistaches ou noix concassées.

Une personnalité Ajda Pekkan, cette chanteuse dont la carrière couvre cinq décennies, est l'image même de la diva orientale à travers le monde.

Grands tours

▶ **Quand y aller ?**
Entre mai et septembre, pour profiter des températures les plus chaudes et des journées plus longues, mais aussi pour découvrir l'infinité de festivals culturels qui ont lieu dans les trois pays.

Riga

▶ **14 jours**

▶ De **Tallinn** à **Vilnius**

Pour qui ?
Pourquoi ?

Au confluent d'une nature encore intacte faite de grandes forêts et de plages sauvages et d'un riche patrimoine culturel, les pays baltes séduiront les voyageurs en quête de vifs contrastes rencontrés sur de petites distances.

Inoubliable...

▸ *Se balader dans les paysages bucoliques du parc national de Lahemaa.*

▸ *Assister à un festival de chant estonien, figure de proue de l'identité nationale.*

▸ *Arpenter les rues du vieux Vilnius et ses merveilles architecturales.*

▸ *Visiter le château de conte de fées à Trakai, dans un décor ultra-romantique.*

Estonie, Lituanie et Lettonie
Grand tour des pays baltes

Ce sont trois joyeux enfants, fraîchement libérés d'une mère soviétique qui n'a pas réussi à briser un caractère bien trempé, là où Suédois, Polonais et Russes entre autres avaient eux aussi échoué depuis des siècles. Des triplets en grande forme, qui ont toujours réussi leurs travaux d'art et d'économie, ayant grandi au cœur d'une des plus importantes coalitions commerciales du Moyen Âge, la ligue hanséatique. Si ce dernier souvenir est présent partout dans les villes côtières, sur les façades des maisons de guildes ou au long des innombrables châteaux dont la Loire française pourrait être bien jalouse, les pays baltes bruissent désormais du dynamisme de l'adolescence et ont toute leur fraîcheur à offrir aux voyageurs...

Parc national de Lahemaa

Nida

Tallinn

Itinéraire

Jours 1 et 2
Tallinn

Vision échappée d'un conte médiéval, Tallinn séduit instantanément par sa vieille ville ceinturée de fortifications. Promenez-vous dans les ruelles pavées qui mènent du fier hôtel de ville à la cathédrale orthodoxe Alexandre Nevski sur la colline parlementaire de Toompea, avant de visiter les collections d'art du palais de Kadriorg, folie baroque édifiée par l'empereur russe Pierre le Grand.

Jour 3
Parc national de Lahemaa

Ce parc résume à lui seul les plus beaux paysages d'Estonie, une alternance de grandes péninsules paisibles, marécages peuplés d'oiseaux aquatiques et de sous-bois touffus. Çà et là, des manoirs néoclassiques comme ceux de Palmse, Vihula et Saggad, cachés dans la verdure, rappellent que le domaine était un pèlerinage estival pour l'aristocratie germano-balte.

Jour 4
Tartu

Vénérable et intellectuelle, Tartu abrite notamment l'université la plus ancienne et la plus renommée des pays baltes. Cet ancien pôle commercial du Moyen Âge fut ensuite soumis aux tumultes de l'Histoire et dominé par les puissances voisines qui contribuèrent chacune à son important héritage architectural. Prenez le pouls de la ville au pub Püssirohukelder, institution locale installée dans une ancienne poudrière.

Jour 5
Pärnu

Située sur la côte Baltique, Pärnu est réputée pour son élégante plage et les boutiques de bois colorées de la vieille ville. On y vient aussi pour se remettre en forme, son centre de thalassothérapie étant à la pointe des traitements et reconnu dans toute l'Europe. Le soir, admirez le coucher de soleil nordique à la terrasse d'un restaurant sur l'élégant front de mer.

Jours 6 et 7
Riga

Reine des cités baltes et capitale lettone, Riga est constellée en son cœur de flèches d'églises et des frontons des maisons patriciennes des anciennes guildes de commerce – passé hanséatique oblige – à l'image de la maison des Têtes Noires,

Grands tours

Parc national de Lahemaa
Tallinn ■
ESTONIE
Tartu
Pärnu
Mer Baltique
Riga
Parc national de la Gauja
LETTONIE
RUSSIE
Nida/ Isthme de Courlande
LITUANIE
Kaliningrad
Kaunas
RUSSIE
Vilnius
Trakai
POLOGNE
BÉLARUS

Girouettes, isthme de Courlande

Statue du compositeur estonien Raimond Valgre, Pärnu

Estonie, le peuple chantant

C'est l'une des traditions les plus vivaces des pays baltes, et particulièrement d'Estonie. Depuis le Moyen Âge, les fêtes religieuses ont toujours été associées au chant populaire, tout comme la période des labours et de la moisson. Médium d'expression populaire par excellence, cette importance du chant prend une dimension supplémentaire en 1869, quand le premier festival du chant commun est organisé à Tartu, regroupant les différentes ethnies du pays dans leurs costumes folkloriques. Il a lieu en été tous les cinq ans depuis 1928, sur l'esplanade du Chant, qui peut accueillir 20 000 choristes devant 300 000 spectateurs. C'est aussi là que débuta la Révolution chantante marquant les velléités indépendantistes de l'Estonie, alors dans le giron soviétique. Depuis 2008, les célébrations de chants et danses baltes sont inscrites au patrimoine culturel immatériel de l'UNESCO.

Forteresse de Turaida

chef-d'œuvre du style Renaissance néerlandaise. Plus loin, levez les yeux vers les délicates façades Art nouveau autour de la rue Alberta, sur la rive droite de la Daugava, avant de vous rendre dans le pittoresque marché fermier du quartier de Kalnciema.

Jour 8
Parc national de la Gauja

Cette vallée montagneuse, entrecoupée de collines boisées, est surnommée la «Suisse lettone». Terre de folklore et de grottes, telle celle de Gutmanis où naquit une fameuse légende médiévale, celle de la Rose de Turaida, on y trouve aussi Cesis et son château de l'ordre livonien hanséatique, dont les ruines restent parées de mystère, ou la forteresse de Turaida, qui domine la région de ses tours et remparts de briques. Terminez la journée par une

balade bucolique en kayak sur le fleuve Gauja ou à Sigulda, aussi prisée par les amateurs de sport d'hiver.

Jours 9 et 10
Nida – Isthme de Courlande

Arrivée en Lituanie dans la charmante station balnéaire de Nida, ancienne retraite de la nomenklatura soviétique, dont l'environnement préservé et l'urbanisme discret contribuent à la paix des lieux dominés par le cordon littoral de Courlande. Lancez-vous à vélo entre les forêts de pins et les

interminables plages de sable balayées par les vents de la Baltique, ou installez-vous pour un pique-nique au sommet d'une dune en imaginant les vaisseaux hanséatiques brouiller la ligne d'horizon.

Jour 11
Kaunas

La ville de Kaunas est un musée d'architecture à ciel ouvert dont les nombreux monuments témoignent d'une riche histoire. En quelques mètres, passez du style gothique de la maison de Perkunas au baroque de l'hôtel de ville jusqu'aux arches néo-byzantines de l'église Saint-Michel-Archange.

Château de Trakai

Puis, voyage en «enfer» au musée du Diable, qui rassemble quelque 3 000 pièces représentent les démons à travers le monde et les croyances populaires. Vous pourrez même céder un objet démoniaque qui fera le bonheur du musée !

Jours 12 à 14
Trakai – Vilnius

Fin de voyage en beauté avec d'abord la visite du château de Trakai, icône nationale sise sur une île du lac de Galvé. On y découvre l'histoire rocambolesque de la Lituanie, d'invasions en guerres, derrière les murailles dignes d'une chanson de geste arthurienne. À Vilnius, le cœur historique de la ville abonde en frontons classiques, églises gothiques et bulbes baroques, vestiges rutilants d'une majesté séculaire.

L'Estonie à la carte

République d'Estonie

Capitale Tallinn

Langue officielle Estonien

Religions Luthéranisme (30%), christianisme orthodoxe (28%), catholicisme (3%)

Un plat Le *seapraad hapukapsag*, escalope de porc servie avec choucroute et pommes de terre.

Une personnalité Silvi Vrait, chanteuse culte de comédies musicales, très engagée lors de la révolution chantante à la fin des années 1980.

La Lituanie à la carte

République de Lituanie

Capitale Vilnius

Langue officielle Lituanien

Religion Catholicisme

Un plat Le *cepelinai*, boulettes de pommes de terre râpées, farcies de viande, fromage caillé, herbes aromatiques ou champignons.

Une personnalité Dalia Grybauskaité, présidente de la république lituanienne depuis 2009, ardente défenseure des droits de l'homme, atlantiste et pro-européenne.

La Lettonie à la carte

République de Lettonie

Capitale Riga

Langue officielle Letton

Religions Luthéranisme (24%), catholicisme (22%), christianisme orthodoxe (19%)

Un plat Le *biguzis*, gâteau de pain noir aux baies rouges et au miel.

Une personnalité Mark Rothko, peintre expressionniste abstrait du XXe siècle très inspiré par la psychanalyse.

Grands tours

▶ **Quand y aller ?**

Du printemps à l'automne, le soleil et la chaleur sont au rendez-vous. Évitez pourtant juillet et août, que les hordes de touristes ont rendu presque insupportables dans les sites les plus populaires du pays.

▶ **18 jours**

▶ De **Rome** à **Venise**

Paysage de Toscane

Pour qui ?
Pourquoi ?

C'est simple, pour tout le monde ! L'Italie est le charme à l'état pur, de ses monuments à ses paysages, de sa cuisine savoureuse à son peuple pittoresque, impossible de ne pas succomber... Y aller une première fois équivaut littéralement à se faire la promesse d'y retourner.

Inoubliable...

▸ *Visiter les musées du Vatican et leurs trésors de la Renaissance.*

▸ *Prendre les routes de Toscane en écoutant des vieux classiques de la chanson italienne.*

▸ *Marcher dans Florence à l'aube et s'imprégner de son élégante beauté.*

▸ *Découvrir les environs de Capri et Anacapri en bateau.*

Grand tour
d'Italie

Que les mots sont faibles pour décrire l'Italie... Berceau du monde occidental, c'est elle qui nous berce à force de couleurs, monuments, paysages propices aux plus beaux rêves, tout comme elle a envoûté artistes, écrivains, photographes et voyageurs au long cours depuis des siècles. Il ne faut pas se leurrer : l'Italie est l'essence même du voyage, une révélation de chaque instant, une épiphanie continue, que ce soit au fond d'une bouteille de chianti ou dans un refrain qu'on hurle au guidon d'une Vespa. De la merveille antique, de la villa toscane ou de la terrasse amalfitaine, oui, évidemment, cet itinéraire en propose, mais on ne vous souhaite qu'une chose : perdez votre carte, oubliez votre guide, laissez seuls vos sens vous emporter... car c'est ainsi qu'on voyage là-bas.

Rome

Fresques, Pompéi

La côte Amalfitaine

Itinéraire

Jours 1 à 3
Rome

Splendeurs de l'Empire romain ou chefs-d'œuvre de la Renaissance? Si le Vatican ou le Forum sont indispensables lors de toute visite de la Ville éternelle, musarder dans cet immense musée à ciel ouvert, vers le château Saint-Ange, ou en suivant l'axe de Trevi jusqu'à la Piazza Navona en passant par le Panthéon, vous ouvrira les portes d'un monde où les artistes étaient des dieux.

Jour 4
Naples

Bouillonnante et hirsute, cette cité qui fut au Moyen Âge l'un des plus grands centres culturels d'Europe ne délivre ses merveilles qu'aux initiés: collines de Posilippo à arpenter en Vespa pour les splendides façades Art nouveau, gracieuses verrières de la Galleria Umberto I ou *caffè* et églises (plus de 300!) le long de la Spaccanapoli, c'est ici que l'âme italienne trouve son paroxysme.

Jour 5
Pompéi – Herculanum

Villes martyres ensevelies en 79 apr. J.-C. à la suite d'une éruption du Vésuve, Pompéi et Herculanum nous ont légué un des plus vibrants tableaux de la Rome antique. Villas patriciennes, ateliers et commerces, forums et mosaïques délicates forment un fabuleux héritage à explorer en liberté. Visitez notamment les maisons du Faune, des petits Amours Dorés ou la Villa des Mystères et ses fresques sublimes.

Jour 6
Capri – Anacapri

Capri est une succession de cafés, galeries d'art et ruelles pavées qu'on arpente avec délices. Des chemins de traverse vous mèneront dans les coins les plus reculés avant que ne surgisse soudain un panorama saisissant de mer émeraude sillonnée de yachts luxueux, ou la silhouette de la villa Jovis, résidence de Tibère. Prenez le téléphérique vers le mont Solaro pour vous offrir une vue incroyable sur la baie de Naples, avant de redescendre vers la Villa San Michele, dont les jardins sont décorés d'antiquités égyptiennes, et Marina Grande, ancien village de pêcheurs au charme typique.

San Gimignano

Gondole, Venise

Le festival de San Remo

Véritable institution musicale, le festival annuel de la chanson italienne de San Remo déchaîne les passions depuis 1951. Ce concours fait s'opposer stars et débutants au long de plusieurs soirées au terme desquelles, suivant un processus complexe de votes d'un jury et de télévote du public, est désigné le grand gagnant. C'est l'occasion pour la chaîne RAI, qui diffuse le concours, de battre régulièrement des records d'audience, tant la popularité du concours ne s'est jamais démentie, jusqu'à même éclipser complètement le Concours Eurovision, qu'il avait inspiré en 1956. San Remo a vu défiler les plus grandes vedettes de la chanson italienne, comme Iva Zanicchi, Peppino di Capri, Toto Cotugno, Mina ou Laura Pausini. Les interprètes se classant dans les premières places du classement voient automatiquement leur succès doubler dans les palmarès italiens.

Grands tours

Jour 7

Sorrento

On arrive à Sorrento en *circumvesuviana*, un petit train qui se colle aux falaises de la côte. Alangui sur son rocher, Sorrento est un petit miracle de couleurs et une pure allégorie de la *dolce vita* italienne. Prenez le temps de visiter les boutiques d'artisanat ou faites une sieste sans scrupule sur la plage, un verre de *limoncello* à la main.

Jour 8

La côte Amalfitaine

Soyons francs, vous trouverez là les plus beaux paysages de toute la Méditerranée. Ravello, Amalfi et Positano, un triptyque tout en grâce tranquille dont les parures s'étagent jusqu'à la mer pour mieux

éblouir. Bleu intense des flots, taches d'or des citronniers, toits rouges des églises qui hissent leurs tours au plus loin des falaises, vert des jardins qu'on retrouve partout, la côte Amalfitaine est une escale onirique et inoubliable.

Jour 9

Sienne

Recueillie au pied de la Torre del Mangia, qui surplombe la Piazza del Campo, Sienne se visite sans se presser. Gardez le nez en l'air pour admirer les somptueuses façades gothiques et le Duomo, la cathédrale, ou apprenez à reconnaître les différentes sortes de *pasta* dans une manufacture traditionnelle.

Jours 10 et 11

Villages de Toscane et du Chianti

Sanctuaire indéboulonnable de la bonne chère, la Toscane est un bonheur de chaque instant. Grands crus du Chianti à savourer à Greve ou Gaiole, fromages aux saveurs ardentes qu'on déguste à l'ombre des tours de San Gimignano ou Arezzo... la liste est inépuisable. Mais pour immortaliser votre souvenir toscan, rien ne vaudra un crépuscule à Montepulciano, là où un dôme baroque se dessine en contrejour des douces vagues de collines veloutées.

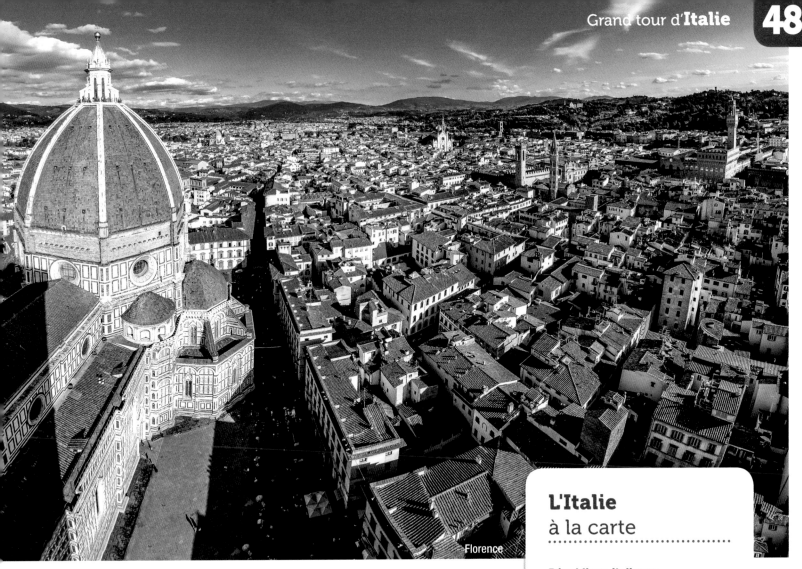

Florence

Jour 12

Pise

La fameuse tour penchée n'est qu'une des splendeurs de la ville. Jouxtant le baptistère et la cathédrale, cet ensemble de dentelle de marbre immaculé frappe l'esprit depuis des siècles. Dans la vieille ville, baladez-vous le long des rives de l'Arno, entre palais nobles et ruelles, pour y trouver la parfaite *trattoria*.

Jours 13 à 15

Florence

Égérie de la Renaissance, Florence aligne une multitude de chefs-d'œuvre architecturaux et artistiques à chaque coin de rue : Palazzo Vecchio, palais Pitti et jardins de Boboli, Galerie des Offices, cathédrale Santa Maria del Fiore… Suivez les pas de Dante depuis la Piazza del Signori vers la colline de Fiesole : vous y attend une vue d'une splendeur infinie sur la ville.

Jours 16 à 18

Venise

Arrivée en grande pompe dans la lagune vénitienne, et d'emblée vous voilà séduit par ses icônes immortelles : la basilique Saint-Marc et le campanile, les ponts du Rialto ou des Soupirs, où flotte toujours l'ombre de Casanova, avant d'oublier la foule dans une gondole qui serpente du Grand Canal aux *rii* les plus secrets. Finissez le voyage sur une plage du Lido, parfait symbole de l'Italie avec son charme suranné et frémissant.

L'Italie
à la carte

République italienne

Capitale Rome

Langue officielle Italien

Religion Catholicisme

Étiquette Rien de plus simple pour séduire les Italiens que de prononcer quelques mots dans leur langue !

Un plat Les *antipasti*, entrées pour commencer un repas, souvent composées de charcuteries (pancetta, coppa, salami) ou de légumes (tomates séchées, poivrons…)

Une personnalité Patty Pravo, chanteuse à la carrière fleuve et symbole de la libération féminine dans les années 1960-1970.

▶ **Quand y aller ?**

Avril ou novembre sont les mois les plus indiqués pour ce voyage qui traverse des latitudes éloignées : vous éviterez ainsi les hivers rudes du nord et la saison des moussons qui peut ravager le sud-est du pays.

La Grande Muraille

▶ **16 jours**

▶ De **Beijing** à **Macao**

Pour qui ? Pourquoi ?

Immense et plurielle, la Chine peut dérouter. Elle est pourtant tout indiquée pour le voyageur en quête d'un nouvel univers, prêt à bousculer ou perdre ses repères au contact d'une culture totalement différente.

Inoubliable...

▶ *Se promener sur la muraille de Chine.*

▶ *Suivre un cours de tai-chi sous les pagodes de Xi'an.*

▶ *Se plonger dans l'atmosphère du vieux Shanghai.*

▶ *Prendre un verre dans un bar panoramique au sommet de l'un des gratte-ciel de Hong Kong.*

Chine
La Chine d'hier à demain

L a Chine n'a de cesse de surprendre. D'ailleurs, y a-t-il vraiment « une Chine » ? N'est ce pas plutôt une galaxie protéiforme qui se meut si vite qu'on n'a guère le temps de la suivre du regard ? C'est l'ambition de ce tour qui oscille entre hier et demain, depuis les guerriers enfouis de Xi'an et les créneaux de la Grande Muraille jusqu'aux tours de verre de Shanghai et Hong Kong, d'en montrer les multiples visages. En quête d'une terre d'abondance qui règne désormais sur notre monde ou du souvenir d'un empire mythique dont la culture a fasciné depuis des millénaires, soyez à votre tour le témoin du grand changement.

Le tai-chi

Dérivé des arts martiaux chinois, le tai-chi trouve vraisemblablement ses origines au Vᵉ siècle avant notre ère. Cette discipline est l'un des cinq volets primaires de la médecine traditionnelle chinoise avec la diététique, l'acupuncture, le massage Tui Na et la pharmacopée. Elle fait autant appel à un ensemble de mouvements précis, harmonieux et effectués avec lenteur qu'à un contrôle de la respiration et de l'esprit. En cela, le tai-chi se rapproche de la méditation et contribue sur le long terme à maîtriser la respiration autant qu'à améliorer la mémoire et la concentration. Les Chinois en sont très friands : vous les verrez souvent pratiquer cet art ancestral dans les jardins publics, seuls ou en groupe et à toute heure de la journée.

Shanghai

Guerriers de Xi'an

Entrée de la Cité interdite, Beijing

Itinéraire

Jours 1 à 3

Beijing

Passée de ville impériale confite dans sa gloire à l'une des mégalopoles les plus tentaculaires au monde, Beijing illustre tout le renouveau chinois. La Cité interdite demeure une icône du passé avec ses palais, cours et esplanades aux dimensions vertigineuses, une démesure que l'on retrouve dans les gratte-ciel modernes du quartier d'affaires ou les installations olympiques érigées en 2008. Les plus nostalgiques feront une excursion en cyclopousse dans les quartiers traditionnels des *hutong*, avant d'admirer une représentation d'opéra chinois.

Jour 4

La Grande Muraille – Mutianyu

Ce gigantesque ruban de pierre de 6 000 km de long, vestige d'une puissance étalée sur plusieurs siècles, est l'une des plus importantes réalisations humaines. Suivez les remparts aux abords de Mutianyu sur une partie très bien préservée datant des Ming, qui offre d'impressionnants panoramas sur des dizaines de kilomètres.

Jour 5

Datong – Beijing

Échappée dans le Shanxi pour y admirer, à proximité de Datong, les grottes de Yungang, l'un des quatre sanctuaires de l'art bouddhique les plus importants de l'empire du Milieu. Plus de 250 grottes ornées d'art rupestre composent le site et 50 000 statues – dont un bouddha de 17 m – furent creusées au Vᵉ siècle de notre ère. Un peu plus au sud, le monastère suspendu de Xuan Kong semble défier la gravité, littéralement enchâssé dans la montagne.

Jours 6 et 7

Xi'an

Ancienne capitale de la dynastie Qin, Xi'an est célèbre pour son armée de 6 000 guerriers de terre cuite, chars et chevaux grandeur nature, défenseurs de la tombe de l'empereur Qin Shi Huang découverts dans deux immenses fosses. Découvrez aussi les secrets de la pharmacopée chinoise dans une herboristerie traditionnelle, avant de vous recueillir dans le parc des Pagodes de l'oie sauvage, où l'on peut assister et même prendre part à des cours de tai-chi.

Grands tours

Une jonque, Hong Kong

Panda, zoo de Chongqing

Sculptures, Dazu

Grands tours

Jours 8 et 9
Shanghai

Virage à 180° en atterrissant à Shanghai, l'un des plus flamboyants symboles de la modernité chinoise. Le quartier de Pudong est hérissé de tours de verre à l'architecture aussi titanesque qu'audacieuse : montez au sommet de l'une d'entre elles pour admirer cette forêt futuriste qui se reflète dans le fleuve Huangpu. Le spectacle est encore plus impressionnant à la nuit tombée. Le lendemain, plongez-vous dans l'atmosphère du Shanghai colonial des années 1930 en longeant le Bund, ce quartier victorien où se trouvent toujours les anciennes concessions étrangères, avant de faire une pause zen dans le jardin du mandarin Yu, au cœur de la vieille ville.

Jour 10
Chongqing – Dazu – Chongqing

Cette escale en Chine profonde vous mènera d'abord aux monts qui environnent Dazu, creusés de somptueuses sculptures rupestres polychromes datant des IXe et XIIIe siècles. Personnages de l'aristocratie, gens du peuple et moines affichent des mines sereines ou belliqueuses dans un ensemble d'une totale harmonie au cœur d'un paysage de forêts et de rizières verdoyantes. Retour sur Chongqing pour visiter le zoo et sa section très appréciée consacrée aux pandas.

Jour 11
Guilin – Rivière Li

C'est l'un des paysages les plus fantasmatiques de toute la Chine, qui a vu éclore quantité de mythes et légendes. Vous descendrez la rivière Li, dans les eaux de laquelle se reflètent les « dents de dragon », ces collines abruptes et couvertes de végétation qui découpent leurs silhouettes dans la brume du matin. Pêcheurs à la lanterne, lavandières et cormorans sont les figurants immuables de ce décor qui glisse comme un rêve éthéré.

Jour 12
Guangzhou

En plus de proposer certains des restaurants les plus fins du pays et une expérience culinaire hors normes, Guangzhou fait honneur à son passé colonial sur l'île de Shamian, où étaient regroupées les sièges des concessions occidentales dans de somptueuses demeures aujourd'hui transformées en appartements de luxe.

Macao

Le soir, dirigez-vous vers une structure étonnante, la Canton Tower, dont l'antenne culmine à 798 m et qui se pare de couleurs chatoyantes qu'on voit scintiller à des dizaines de kilomètres à la ronde. Un observatoire au sommet de la tour offre un vaste panorama sur la ville.

Jours 13 et 14
Hong Kong

Le « port aux parfums », comme on l'appelait jadis, impose le respect. Ancienne colonie britannique, c'est de nos jours l'une des villes les plus trépidantes du monde. La finance y élève ses plus hauts gratte-ciel, l'art moderne s'y est fait une place de choix grâce à l'ouverture de maintes galeries prestigieuses, les chefs les plus réputés proposent des tables d'exception.

Ne résistez pas à une croisière en jonque sur la mer de Chine pour embrasser une des vues urbaines parmi les plus impressionnantes de la côte jusqu'à Kowloon.

Jours 15 et 16
Macao

Ville de contrastes, Macao connut son apogée durant la colonisation portugaise qui y laissa, dans le centre historique classé par l'UNESCO, de nombreux édifices tels que l'église de la Mère-de-Dieu, dont ne subsiste que la façade, la place du Sénat et ses arches élégantes, ou la Santa Casa de Misericorda. De nos jours, les casinos à l'architecture fantaisiste ont pris le pas dans un déluge de néons fluorescents. À l'image de la Chine tout entière, l'hybride Macao mêle sans temps mort passé et futur.

La Chine
à la carte

République populaire de Chine

Capitale Beijing

Langue officielle Mandarin (**autres langues :** cantonais, wu, hsiang, min)

Religions Bouddhisme, taoïsme, confucianisme

Étiquette Montrer ses sentiments en public est un signe de faiblesse et de manque d'éducation. Restez impassible ou simplement souriant en toute occasion.

Un plat Pâtés impériaux et rouleaux de printemps sont de fines crêpes farcies de légumes et de viandes coupés en tranches très minces, et qu'on trempe dans une sauce.

Une personnalité Zhang Ziyi, actrice à la beauté classique qu'on a pu notamment voir dans de nombreux *wu xia pan*, ces films d'arts martiaux très populaires.

Grands tours

▶ **Quand y aller ?**
Privilégiez la fin du printemps, plus ensoleillé que l'été et surtout moins pluvieux. Vous perdrez quelques degrés Celsius, mais gagnerez au passage une fantastique lumière en soirée. L'automne est une autre option pour voir les landes embrasées par les bruyères.

La lande près d'Ullapool

▶ **15 jours**
▶ **D'Aberdeen à Édimbourg**

Grands tours

Pour qui ? Pourquoi ?

De châteaux en villes d'histoire, l'Écosse n'est jamais à court de folklore, celui-là même qui déborde dans les campagnes verdoyantes. Un voyage qui fait la part belle aux découvertes culturelles entrecoupées de grandes bouffées d'air frais.

Inoubliable…

▶ *Explorer les îles Shetland, aussi rustiques qu'éblouissantes.*

▶ *Découvrir le Loch Ness, ses légendes, ses mystères et son atmosphère unique.*

▶ *Emprunter le Hogwarts Express pour voir défiler les plus beaux paysages en train.*

▶ *Se plonger dans la vie nocturne d'Édimbourg, l'une des plus joyeuses d'Europe.*

Grand tour d'**Écosse**

Rugueuse et entêtante, l'Écosse a depuis toujours l'image d'une terre indomptable. De lochs profonds en falaises abruptes, de montagnes en landes couvertes de bruyères, elle déploie une variété sans bornes, symbole de l'authenticité de ses *Highlanders*. Ce circuit, sans être exhaustif, se targue de vous montrer le meilleur de l'Écosse, des cités riches d'histoire aux petits ports folkloriques jusqu'aux îles Shetland, esseulées au nord du pays et pourtant pleines de charme. Et à la fin du jour, il ne sera jamais trop tard pour se laisser bercer au son d'une légende locale, attablé avec un *dram* du plus fin des whiskies !

La vieille ville d'Édimbourg

Mouton Blackface

Macareux

Vache des Highlands, parc national de Cairngorms

Itinéraire

Jour 1

Aberdeen

Pittoresque et provinciale, Aberdeen charme par sa tranquillité. Découvrez son architecture, qui oscille entre styles cottage et victorien, et les roseraies de Duthie Park, les plus vastes d'Europe, avant de prendre part à une dégustation de whisky dans l'une des quelque 50 distilleries que l'on trouve dans la région de Speyside.

Jours 2 et 3

Îles Shetland

Après une nuit en *ferry*, débarquement à Lerwick, sur les îles Shetland. Deux jours pour découvrir les *lodberries*, cet ensemble de maisons et entrepôts du XVIIIe siècle, le site préhistorique de Jarlshof, occupé dès 2500 av. J.-C. sur l'île principale, ou l'île d'Unst, célèbre pour son château médiéval et ses vastes colonies de macareux. Rustique mais inspirante, la campagne des Shetland mérite une longue pause.

Jour 4

Parc national de Cairngorms – Inverness

Plus vaste des parcs nationaux d'Écosse, Cairngorms est un terrain de jeux inépuisable composé de denses forêts, de ruisseaux trépidants et de vallons peuplés de manoirs. C'est en enfourchant un vélo qu'on prend le mieux la mesure de ces paysages changeants. À Inverness, un pan entier de l'histoire écossaise se relate depuis des siècles : proie des Écossais, *Highlanders*, Anglais et jacobites ; la ville autrefois richissime conserve néanmoins de superbes vestiges tel le château et plusieurs églises médiévales.

Jour 5

Loch Ness

Ne soyez pas déçu si *Nessie*, le monstre du Loch Ness, fait son timide lors de votre passage : la région compte bien d'autres curiosités ! Sur les rives du loch le plus célèbre du pays, Fort Augustus et son village abondent en pubs où l'on narre avec force détails les apparitions du monstre aux voyageurs. Rendez-vous ensuite au Highland Folklore Museum de Newtonmore, qui dépeint en toute authen-

Le château d'Urquhart, au bord du Loch Ness

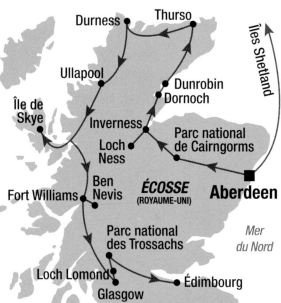

À bord du Hogwarts Express

Rob Roy

C'est le « cousin » écossais de Robin des Bois. De son vrai nom Robert Roy MacGregor, ce hors-la-loi du début du XVIIIe siècle est l'un des héros les plus populaires des Highlands. Né sur les rives du Loch Katrine, à Glengyle, il commence par trafiquer du bétail avant de monnayer la protection des éleveurs et propriétaires terriens contre les hordes de voleurs. Très vite, il se constitue une clientèle de lords et autres aristocrates avant de trop tirer sur la corde… Ses terres saisies, il entre en conflit ouvert avec le duc de Montrose avant de devoir se rendre. Cette figure de la lutte sociale et de l'individualisme fit grand bruit à l'époque et inspira notamment Walter Scott et Berlioz.

ticité la culture des Highlands à travers des tableaux vivants.

Grands tours

Jour 6

Dornoch – Dunrobin – Thurso

Le château de Dornoch, construit au XVe siècle, s'il fut reconverti en hôtel-boutique de charme, est toujours hanté par un voleur de moutons pendu dit-on – mais on y boit l'un des meilleurs thés de la région ! Visitez ensuite l'élégant château de Dunrobin, véritable décor d'un roman d'Agatha Christie, édifié dès le XIIIe siècle avant divers ajouts par Charles Barry, l'architecte du palais de Westminster, à Londres. Les magnifiques jardins sont inspirés de ceux de Versailles et contiennent les essences les plus rares.

Jour 7

Thurso – Durness – Ullapool

Aventurez-vous maintenant vers les terres plus septentrionales à travers les routes de campagne bordées par des paysages pittoresques. Sur le littoral, falaises à pic et plages de sable argenté semées de rocs noirs alternent dans une sauvagerie visuelle fascinante. Remontez sur les landes qui cernent les lochs Croispol et Caladail, vastes tapis de verdure où paissent les moutons Blackface, aux cornes chantournées.

Jours 8 et 9

Excursion sur l'île de Skye

L'île de Skye symbolise l'Écosse à elle seule. Source d'inspiration inégalée pour les peintres, écrivains et voyageurs, Skye offre une ambiance étrange, comme retirée du monde. Elle se visite en VTT, en randonnée ou au cours de séances d'escalade sur les monts Cuillin, qui dominent le sud de l'île. Sur le chemin du retour, inoubliable arrivée à l'imposant château d'Eilean Donan, posé sur le Loch Duich.

Campagne écossaise près du Loch Lomond

paysages écossais, les Trossachs seraient idéaux. Terre de chevaliers galants et de damoiselles en détresse, les vallons qui environnent le Loch Katrine ont inspiré Walter Scott pour plusieurs de ses œuvres. Randonnez sur les sentiers de bruyères en quête du souvenir de Rob Roy, le Robin des Bois local.

Jours 14 et 15
Édimbourg

La capitale écossaise abonde en trésors historiques à visiter absolument : cathédrale Saint-Gilles, palais du Parlement ou de Holyroodhouse, qui accueille la souveraine lorsqu'elle réside en ville. Les merveilles architecturales ne manquent pas, avec en point d'orgue le fameux château qui domine la ville depuis son éperon rocheux. À voir aussi, les ruelles de la vieille ville et leurs pubs animés à toute heure.

L'ÉCOSSE
à la carte

Écosse, nation constitutive du Royaume-Uni

Capitale Édimbourg

Langues officielles
Anglais, gaélique écossais (**autre langue :** scots)

Religions Protestantisme (32 %), catholicisme (16 %)

Étiquette Les Écossais sont fiers de leur identité, et le nationalisme ou l'indépendantisme sont des sujet épineux ; évitez de les aborder lors des conversations.

Un plat Le *haggis*, abats de brebis hachés avec des flocons d'avoine, de l'oignon et des épices, et bouillis dans la panse de l'animal.

Une personnalité Robert Burns, poète du XVIIIe siècle et pionnier du romantisme. Il symbolise à lui seul toute la culture écossaise.

Jour 10
Fort Williams - Ben Nevis

Un voyage hors du commun vous attend : montez à bord du Hogwarts Express, le même train qui emmène un jeune sorcier à lunettes bien connu vers Poudlard. Ce trajet traverse des panoramas somptueux, comme le Neptune Staircase et le viaduc de Glenfinnan. Arrivée à Fort Williams, capitale des Highlands, qui accueille les ambitieux randonneurs tentant de soumettre le mont Ben Nevis, point culminant de la Grande-Bretagne.

Jours 11 et 12
Loch Lomond – Glasgow

Autour du Loch Lomond se pressent les paysages les plus spectaculaires de la région : une succession de montagnes aux formes douces se reflètent dans les eaux saphir. Pique-niquez sur un ponton pour apprécier toute la beauté sereine des lieux. Puis, direction Glasgow et sa richesse historique : la Kelvingrove Art Gallery, la cathédrale ou encore le Provand's Lorsdhip, qui vous projettera dans la vie à Glasgow au tournant du XVIIIe siècle. L'autre attrait de la ville réside dans son abondance de festivals qui ont lieu toute l'année : danses, chants folkloriques et concerts pour une ambiance garantie !

Jour 13
Parc national des Trossachs

S'il ne fallait qu'une image pour résumer tout le romantisme qu'inspirent les

Crédits photographiques *Par ordre d'apparition, de gauche à droite et de bas en haut*

Visby, Suède

Index

Rizières, Vietnam

Parc de Torres del Paine, Chili